九个汉字里的中国

郭永秉 著

上海文艺出版社

出版者的话

作为人类四大古文明之一,华夏文明是世界上唯一没有中断并持续发展到今天的文明体系。这一文明体系发源于中国这片土地,在这片土地上发展壮大,立足于这片土地,敞开胸怀接纳吸收来自全人类的优秀文化元素,并不断向周边国家乃至全球传播,在对外交流中又进一步得到完善,从而形成了当今中国的文化面貌,也塑造着我们华夏民族优秀的精神品格。

对这样的文化,我们完全应该有充分的自信。而文化自信,是一个国家、一个民族发展中最基本、最深沉、最持久的力量。为此,我们决定组织编写这套"九说中国"丛书。

"九"这个数字,在中国传统文化中有着特殊的象征意味。在古时,九为阳数的极数,又是大数、多数的虚数,所以,既可以表示尊贵,也可以代表全部。据《尚书·禹贡》所载,大禹治水,后来称王,将天下划分为徐州、冀州、兖州、青州、扬州、荆州、豫州、梁州、雍州等九州;后来,九州可以代指整个中国。青铜器有"九鼎",成语"一言九鼎"表示说话有分量。"九"还与"久"谐音,有长长久久、绵延不绝之意。

"九说中国"系列丛书在体例上力图打破传统的学科界限和历史分期,从文化表现的角度着眼,系统展示华夏五千年文明的核心元素与基本样貌,凸显中国思想的博大精深、中国文化的源远流长、中国精神的丰富多彩,进而揭示华夏文明所具有的独特气质和深刻内涵,展示华夏文明的兼容并蓄和强大生命力。

中华优秀传统文化需要创造性转化,需要创新性发展;转化与发展最终一定是从实处、细微处生发出来。"九说中国"系列丛书邀请对中国文化素有研究的学者,从承载中华优秀文化的诸多细小的局部和环节入手，从最能代表中国气质、中国气象、中国气派的人物、事物、景物、风物、器物中，选取若干精彩靓丽的内容，以生动的语言和独特的叙事方式，描述华夏传统的不同侧面，向读者传达中华优秀传统文化的精气神。

"九说中国"系列丛书将分辑陆续推出，每辑九种。第一辑九种书目，涉及文字、诗歌、信仰、技术、建筑、民俗日常，并推究建立于其上、传承数千年的华夏观念。为了让海外读者有机会了解中国文化的博大精深和丰富多彩，本丛书在适当的时候还拟推出多种语言的国际版。

上下五千年，纵横一万里。"九说中国"系列丛书力求涵盖面广，兼顾古今，并恰当地引入中外比照；做到"立论有深度，语言有温度，视野有广度"，同时用当代读者喜闻乐见的表达形式加以呈现。

当然，丛书的编写是否达到了策划的预期，还有待读者诸君评鉴。欢迎各位随时提出批评改进的意见和建议。

目录

绪　言 / 001

一　中　由神秘主义到道德意涵 / 001

二　国　从域到国 / 025

三　夏　在还是不在？/ 059

四　天　至高无上的"天"与"天子" / 087

五　儒　商代有儒吗？/ 109

六　礼　制礼作乐 / 129

七　法　獬廌的故事 / 149

八　册　书之竹帛 / 171

九　民　民可使由之 / 191

结　语　珍爱我们的汉字遗产 / 208

绪 言

如果要在所有中华文化元素当中挑选出一个最重要、最有代表性的元素,你会选择什么?是中国菜?是中国茶?是京剧脸谱?是水墨画?是园林?是瓷器?还是旗袍?

我想,可能很多读者都会在心目中立刻蹦出一个属于他的答案。华夏文化或者说中国文化,本就是多元的,不可能要求所有人对于这个问题给出统一的结果。但是,我感到有一个元素的重要性和特殊意义,也许是大家都会一致承认的,那就是我们每天使用的方块汉字。

说汉字是中华民族数千年来各种各样发明当中最伟大最重要的发明,也许并不为过。

虽然汉字记录汉语并不能说十全十美，但应该说它是尽量适应了汉语的一种文字。上古时代（秦汉之前）的汉语，是以单音节词为主的，比如我们现在说"耳朵""老鼠""妻子""姑姑""月亮""头发""相信"都是双音节词，但在上古却只说"耳""鼠""妻""姑""月""发""信"，所以古人为一个词（或者语素，即有意义和读音的最小语言单位）就造一个独立的方块字来与它对应。因为汉语不像其他很多语言的语词那样具有比较复杂的语音结构，每个语词的音节结构较简单（一般是一个声母——古代声母不一定只有一个辅音——，一个韵母——有时有介音——，加上声调），声韵母数量有限，造成同音词多的现象，所以彻底的记音文字大概从一开始就不是汉语的选择，否则阅读效率和表意准确性会大大降低。

华夏先民是十分明智的，他们的选择是：以图画演变而来的图形文字和一些约定俗成的记号为主体，以假借、形声等用字、造字手段，独立创制出一套语素文字系统。这一系统的文字，有一个最大的特点，即一个单字就与汉语中的一个词（语素）对应，一般就念一个音节，且不直接地记录汉语语音。即便是有声旁的形声字，也只是提示出全字读音（或标示其来源）的一部分信息，并不等同于拼音文字的记音法。没有声旁的象形字、会意字之类，则与文字的读音之间更没有任何联系。这一看上去并不利于记录语言、不利于文字识读的事实，却某种意义上成就了汉字的一种独特优越性（关于汉字和拼音文字的优劣长短，可参看吕叔湘《汉字和拼音字的比较》，收入《吕叔湘全集》第七卷《吕叔湘语文论集》）。

汉语在有文字记录的这两三千年历程中，发生了巨大的变化，在这其中语法、词汇的变化应该说比语音变化来得小或者小很多，语音的演变可以说是最重大的变化。如果我们一开始是用记音的字母文字记录汉语的话，有谁会知道下面这句用某些古音学家构拟的上古音记录下来的话是什么意思呢？

    mjin khajʔ srjəʔ ljiw tjə,

pjə khajʔ srjəʔ trje tjə。

但是只要写成汉字，居然我们到今天还能猜猜它所要表达的意思：

民可使由之，
不可使知之。

我们如果可以坐时光飞船穿越回孔子与弟子对话的情境中，固然是连半句话都不能听懂的；但是孔子的话历历记载在先秦时代传流下来的《论语》等古书当中，我们仍然可以通过这些用汉字记录下来的古汉语去切近地了解、体会古人的思想（虽然对某些话有见仁见智的不同理解总是免不了的，古代典籍阅读经验不同的人能读懂的程度也不一样），这主要就是因为汉字不是纯记音文字，并在此基础上发展出一套比较稳定的文言的缘故。在孔子死后两千几百年的上世纪九十年代，湖北荆门郭店发掘的一座楚墓中出土了一批战国竹书，其中有一篇被命名为《尊德义》的儒家古书,它的21—22号简上写有如下内容(右图):对一般人来说有点难认,但古文字学家很容易地就可以把它解读出来:

> 民可史(使)道之,而不可史(使)智(知)之。

这座楚墓下葬于孔子死后的百余年间,学者号称其间所出乃"孔孟之间"的著作。竹简上的这篇文章当是孔子后学直接记述发挥宗师意旨的内容。二十一世纪的古文字学家直接与先秦思想家的对话之所以得以可能,无疑也是有汉字传承典籍、记录古汉语的缘故,假设简上面记录的是战国时代的拼音(其实并不存在,只是假设)和口语,那事情可一定就没那么简单了。

而我们今天受过中高等教育的普通人,能大致读懂浅近如白话的古诗十九首,读懂七八成明清白话小说,甚至看懂二三成的《史记》，无不是拜汉字这一载体所赐，今天已很难读懂十四世纪乔叟诗歌的一般英国人估计很难理解这一点。中国古代的文言统治书面语言数千载，文言之所以能够大致维持一个稳定的系统，也是因为有汉字作其依托。南宋洪迈的著作中有《史记法语》《经子法语》，这类书是后代文人学者摘取经典"句法古隽"者，"以备修词之用"的（《四库全书总目》"史记法语"提要），所以我们看到他所写的《夷坚志》这类志怪小说，多有模仿《史记》等经典著作语言的痕迹。比如《甲志》"孙九鼎"条、《乙志》"李孝寿"条，分别出现"骑从甚都""服饰甚都"的话，这明显是模仿了《司马相如传》"相如之临邛，从车骑，雍容闲雅甚都"的笔法，宋代口语大概不说这样文绉绉的词，而"雍容闲雅甚都"一句就正被抄在《史记法语》第七卷中，可见洪迈撰写《夷坚志》的语言积累工作。文言，就是这样靠着书面一代一代传下来的。历代文言的词汇系统虽多有变化（例如秦汉以后由单音词占优势变成了复音词占绝对优势），但是不断新增、变化的语词都能利用原来的汉字作为"积木"重新组装，以不变的汉字足够应付万变的汉语。

中国从商周王朝，到秦汉帝国，版图越来越扩张，各地都有各地的方言，直到今天我们汉语方言的复杂状况也是其他语言所少见的。汉字便成了一种最好的弥合语言地域分歧的沟通手段。

先秦时代的方言一定存在，所以孔子要用"雅言"（类似于今天的标准语普通话，到底这种普通话是以什么地方的语音为标准，还不很清楚）来念诵《诗经》《尚书》、行礼，以显示一种特殊的庄重。但当时各地方言的具体面貌，古书仅有可据捉摸的鳞爪（例如《战国策》《尹文子》所记周、郑方言中对"璞"这个词究竟是老鼠干还是未打磨的玉的误解），不得窥其全豹，直到西汉时代杨雄撰写出《輶轩使者绝代语释别国方言》（简称《方言》）这部汇录各地方言语词表达的著作，才让我们比较系统地知道华夏大地的汉语方言词汇有多大距离。这些分歧，都可以因汉字的记写而减少甚至消弭。甚至，汉字还能作为记音符号用来记录古代的非汉语，比如保存在《左传》等书里的若干楚语词，记录在《说苑》等书中的越语等等，这些华夏之外的少数族的语言，大概本身没有创制过独立的文字（即使有，也很早就断裂消亡不存了，例如山东邹平丁公村的"陶文"和巴蜀文字之类），汉字成为一种借字记音的辅助手段，在少数族的内部及华夷之间，起到承载文明、沟通对话的作用。汉字在汉字文化圈（如日、朝、越等东亚国家）内的地位，实际上是继踵先秦秦汉以来的余绪，并加以扩大推广而形成的。

据比较保守一些的估计，汉字可能从公元前十六世纪左右的商代初年就形成了体系，但实际上汉字的萌芽及酝酿，可能比我们想象的还要久远和复杂一些，只是目前还没有找到像殷墟甲骨文这样大规模的凿实的证据可以来把汉字的"前史"说清楚，只能寄希望于将来的重要发现。在这三四千年间，国家并兼、人民迁徙、异族入侵与融合、外来文化的一波波传入，都没有让汉字退出历史舞台；近代新文化运动废除汉字以利文化普及的呼声无论多么高涨，也并没有做到让汉字最终被拉丁字母所取代（似乎也根本看不到汉字拼音化的那一天到来的可能性），反而生命力愈来愈强大。汉字在记录传承中国历史、文化，在维护民族共处关系与维持政权统一方面，具有其不可替代的唯一性作用。吕叔湘曾指出欧洲国家的分裂林立并不仅仅因为其语言是用拼音文字记录的缘故，还有民族、宗教、社会等方面的复杂因素，但他仍然承认"汉字确实建立过团结的大功"的可能性。中国"大一统"的理念追求，基本上是以汉语汉字的传播使用与统一为其底色与表征的。

汉字天然地与分裂状态、异质性不相容。所以大部分时候，汉字都会有"正"与"俗"、"异"的区分，说明它尽管往往会有与正统所不同的外形，却总具有一种"定于一尊"的内在约束力。无论是《史籀篇》还是《仓颉篇》，这些识字书的功用中间或许多少都附带了文字规范统一这一项。众所周知，汉字内部差异最剧烈的时代是战国（东汉许慎《说文解字叙》描述为"文字异形"的时代），但其内部的统一性仍然远远大于差异性。比如说，常被人拿来形容战国时代因文字差异而传讹的成语——"郢书燕说"（见《韩非子·外储说左上》），其出典本身其实恰好反过来证明当时燕国人读楚国人写的信是毫无障碍的：故事中提到的"举烛"两字是无关语言错误混入楚人书信正文，又被收信一方的燕相国过度解读和发挥，故事内核与因形体遥隔而造成的文字误读没有关系（今天多以这个故事来说文字异形严重、互相沟通阅读障碍，是成语用法的歧变）。而且战国时代的"文字异形"状态持续其实并不十分长久，至少战国早期这种状态大概还并不特别明显，很快又便被秦始皇的政权统一和书同文字政策彻底结束，这既是政权一统的外在需求，也是汉字本身对差异性逆反的内在动力导致的必然结果。《中庸》记孔子的话里就有"今天下车同轨，书同文，行同伦"，可说明春秋时代就有这种理想，只是秦始皇把它重新变成了现实。说"重新变成现实"，是因为商西周时代的汉字本来是道一风同的，分裂是后来的事。从汉字后来的命运看，秦代的这一划时代巨变无疑也可说是印证"百代皆行秦政制"的一个活例。

唐诗宋词元曲明清小说也好，书法印章版刻活字也好，这些中华文明的代表性事物，都是寄托或附着于汉字这一物质载体之上的。历史上那些著名的文学家、思想家、历史家、科技家、发明家，乃至帝王将相、僧道逸民、义士侠客之所以能被今天了解，能被我们知晓其事迹作为，除了口耳相传，就是通过汉字记录下来的，而且口耳传说的东西很可能大多本诸文字而加以发挥罢了。所以我以为，把汉字视作中国文化一个最有代表性的事物，可能不是一种过分的评价。

汉字在三四千年的发展过程中，虽然每朝每代以至当下的常用字并不算太多（大约三四千上下），但整体积累下来的单字量却极为庞大，大量的死字、僻字像考古地层一般堆叠留存于《说文解字》《玉篇》《康熙字典》《汉语大字典》《中华字海》这类大型汉字工具书当中，甚至有的在传世文献中也难觅其实际用例，这也是汉字繁难的一个直观表征。要在这几万个汉字中间，选择九个来进行说解，阐发这九个汉字中间所反映出来的中国，是很费斟酌、不好取舍的，甚至是自不量力、不能讨巧的。明知其不可为而为之，正是因为汉字重要。中国的一些根本性的思想、理念、原则，可以从汉字及汉字所记录的先秦文献中窥见源头。历史地看，中国并不存在一以贯之的"传统"，但是万变不离其宗，中国历史上有些与生俱来的、基因性质的东西，也许是值得认真探求的。本书从"文字"入手，只算是一个尝试，是否有当，当然有待读者指教。

基于上述写作目的，我不太想把本书写成一本纯粹娱乐性的轻松消遣读物，所以在涉及文字、史实的地方，仍会有学理性的分析，如果打扰读者的阅读兴致，十分抱歉。为了便于排版和阅读，在做古文字资料释文时，尽量从宽隶定释写。引用传世的古书，如内容较为艰涩，为便理解，会引用一些比较权威的译文（其译未必全为本书作者所赞同）或者自己加以简要译述聊供读者参酌，也需要在此说明。另外，为免繁琐，有些已属于学界通识的地方，将不再一一引注，只在我认为需要加以交代的地方标出所据，全书径称学者姓名，一概不加敬称，敬请谅解。

壹

中

由神秘主义到道德意涵

解说汉字中的中国，"中""国"这两个字自然是无法绕过去的。所以我们先来讲这两个字。

"中"是什么？东汉许慎《说文解字》对"中"字所象之物，没有作明确解说，在"史"字之下有这样一句说解：

史，记事者也。从又持中。中，正也。

史官之德，讲求中正客观、无有隐忌（春秋时有"董狐直笔"），但是以手持一"无形之物德"（王国维语，意思是没有形体可象的物态的"德"），于造字而言不合情理。因此清代学者对"中"之所象多有其他猜测，有的说象竹简，有的说象簿书，王国维则认为象盛放算筹一类东西的容器，并以《周礼》《仪礼》等书中记载的"中"为证。后来不少人信从王国维这样一种意见，即因算筹和简册类似，都是史官所执之物，"中"就是这一类盛算筹简册的东西。他们大致是要把这个"中"所象之物与"史官"职能联系在一起。

但其实看一下"中"字的比较早的写法就会知道，"中"本来并非盛放算筹之器的象形字。所以一直也有学者并不赞同王国维说。下面是商周时代的甲骨文和金文中象形程度较高的"中"的写法：

因为时代较早，这些都是写得比较繁复的形体，也有写

作下面几种的：

按照唐兰提出的想法，"中"的写法的变化过程应该是：　　　　　，他认为"中"字的本义为"徽帜""旌旗"一类，其字形象有九个飘游、六个飘游或四个飘游之旗，最后飘游省略（中间还出现过上下两个飘游的过渡环节）变成了最简化的无飘游"中"形。那为什么徽帜、旌旗这类东西，会叫作"中"呢？他认为，徽帜一类所置立的地方，一般而言都是中央，所以后来徽帜这种"中"引申有"中央"以及一切之中的意思。但有些学者并不同意唐兰的意见，又提出"中"象测日影的工具、象风向标一类的说法，至今莫衷一是。

　　无论如何，先应该肯定，"中"是一种现实生活当中使用过的工具或器物，它具有一根笔直的长杆，上下或上中下皆有飘游，中间有一个附着于杆上的物件（有时这个物件边上也会装有飘游）。这样的东西，恐怕还是以唐兰所说的徽帜、旌旗一类较符合字形所象。如果是测日影的工具或指示测量风向风力的工具，恐怕不需要那么多的飘游（现在的风向袋，一般一根杆子上只安装一个，早期的风向标可能也是如此），更不大可能在竖杆的下部也安上飘游。何况，无论把"中"讲成测日影还是测风向的工具，都不好解释为什么它会叫作"中"，因为古书里面并没有这样一个对应的语词存在，这是最不好办的地方。

那么"中"为何能表示这样一种旗帜类的事物？从语言上给它找到比较合理解释的，可能是陈秉新《〈说文解字〉笺证》（内容选录于《说文学研究》第二辑，426—427页）的看法。他认为"中"就是"旞（幢）"的初文，"旞（幢）"就是军中用以指挥的旗帜，"中"和"旞（幢）"的上古音比较接近（古代说小孩"幼冲""冲人""冲龄"的"冲"，读音和意义与"童"密切有关，可以旁证）。可能因为树立这种旗帜的地方往往位于中央，两者词源上有密切关联，"中央"的意思，很可能就是从这种旗子及其所在的位置引申出来的。当然，也有可能"中央"的意思跟这种旗帜本身没有直接关联，表示"中间""中央"纯粹是一种借字表音的现象，这样看的话，"中"字中部的圆圈形，或许是指示旗杆的"中间部位"的一个指事符号，而不是旗杆上实存的一个部件。

多位学者已经指出，甲骨文里有"立中"的记载，这种记载往往与征伐的卜辞相关，所以推测"立中"就是召集民众的一种手段，甲骨、金文当中也有"称旂"（称举旗帜）的记录，目的类似（右图是西周中期裘卫盉铭文"王称旂于丰"的记载，丰即丰镐之"丰"）。《周礼·地官·大司徒》说：

> 大军旅、大田役，以旗致万民，而治其徒庶之政令。

郑玄认为，这种致万民的旗子上面，会画上虎、熊一类的图案，约定日期招致百姓聚集于旗下。古代的大事，田猎和战争是一类，祭祀是一类，都会在显著位置树举有特殊纹样的旗子，让人们看到并聚集起来。这样说来，这种"旝（幢）"，确实是位居"中央"才可能比较容易地让人看到。

古代旗帜非常重要。据考古学者介绍，安徽蚌埠禹会村龙山文化遗址发现了一个长方形土堆成的台基，最上一层用白土覆盖，台基面偏北处发现了一个烧祭面，在南面的台基中央可以看到有密密麻麻的长方形柱坑35个，大小相近，距离相等，有考古学者认为就是当年禹会涂山，各方面部落代表到达之后举出部落标志旗帜，用来插旗杆的（参李伯谦《在考古发现中寻找大禹》，《光明日报》2018年8月5日）。这当然只是一种猜测，没有确凿的根据，禹会涂山本身也只是一种传说，不宜与某种考古学文化直接对应。但这些柱坑如果确是用来插旗杆的，正说明旗子在上古时代用以象征族群、聚集人众的重要意义。上博楚简《容成氏》是一篇记录了远古时代传说一直到武王伐纣的历史文献，在叙述禹的部分，有这样一段文字：

禹然后始为之号旗，以辨其左右，使民毋惑。东方之旗以日，西方之旗以月，南方之旗以蛇，中正之旗以熊，北方之旗以鸟。

旗帜就是人辨别方向、知所进退、不致迷惑的号令（我们至今仍常常在报纸上看到"高举……旗帜"的表达，这种象征意义由来已久）。姜亮夫曾认为《书·盘庚》"各设中于乃心"一句"犹言各设表于乃心，亦以旂喻心之相向"（《古文字诂林》第一卷，333页引），虽然我们下面要讲到此句的"中"不是这种实义的旗帜，但其说显然亦出于此种考虑。《容成氏》记载的可贵之处在于，中央的旗上画有熊形，正与前面讲到的郑玄的话有关，可证位于"中"的旗别有重要意义。中央旗帜的图案以楚人图腾熊来代表，不知道是不是掺有南方系统文化和信仰的成分，用以突出楚人特殊地位的功用。

按照《说文解字》的看法，"史"的上部是"中"，但我们从来没看到过"史"字上面写成比较繁的那种"中"，"史"字的写法在早期古文字一般都比较统一，写成下面这种形体：

去掉"又"的部分，跟前举古文字的"中"有一定差别。那么《说文》的分析是不是不可信呢？恐怕也不完全如此。

"事"和"吏"先秦是一个字，其间的细微区别只是字形中部的竖笔是否穿过手形（这两个字现在明确地知道是秦王朝书同文字时才加以人为区分的），"史"与"事"则是一语一字分化，"史"是曾经发生过的"事"，"史"也是记录曾经发生的"事"的人，"吏"是被任职事的人。而西周早期的"事"字，有写成如下形状的：

这应该就是"事"字的早期写法,上面部分可以说跟"中"字所象确实脱不开干系,只是省掉了下部的飘游、多了旗杆顶上的分叉而已(所以有的人把金文这种字形隶定为从"口"从"史",这应该是错误的)。甲骨文和琉璃河燕国墓地出土的克罍、克盉铭文,就有用下面这种省去"又"旁的形体表示"事":

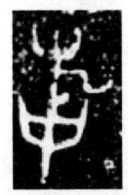

何以这种顶上分叉的旌旗形能表示"事"?其实道理可能很容易说通。

古代称旗召集人众,一定是有田猎战争或祭祀之事(《左传》说"国之大事,在祀与戎"),所以就用这个字形来象征"事",或者以手称举旗帜之形来会"有事"之意、任事"官吏"之意等等(古代"尹"字即以人手持一竹木笔之形表示治民之官的意思,可以类比,详本书

第八节)。而"史"字,应该可以推测是从"事"字简省部件的笔划分化出来的又一个新字。

所以虽然许慎对"史""中"的关系分析不准确,但应当说仍然反映了一部分的事实真相。

上面之所以对"中"的字形和相关问题花那么多笔墨作文字的分析,其实是要告诉读者,对汉字造字本义的说解,不能只以《说文解字》为根据,即使有了越来越多出土的古文字材料,大家的看法也还是见仁见智,要从中实事求是地解读出汉字本来所蕴含的文化意涵而不夸大、歪曲,其实不是那么简单明了的事情。许慎以儒家思想赋予"史"字以"中正"的观念,这是不合于早期文字的造字本意的,就好比古书里面记载的"止戈为武""背私为公"之类说法,这一类道德政治理想其实与古人实际的造字理据往往格格不入、太过超前。"中"之何以为"中",目前在学者当中的看法也是不尽一致的,我们也只是在这里提出一种倾向性的意见而已。

后来儒家思想里面地位非常重要的"中"的思想来源是什么?下面对这个问题尝试做一点推测。

《尚书·盘庚中》记盘庚迁殷前对民的训辞：

呜呼！今予告汝不易。永敬大恤，无胥绝远。汝分猷念以相从，各设中于乃心；乃有不吉不迪，颠越不恭，暂遇奸宄，我乃劓殄灭之，无遗育，无俾易种于兹新邑。（顾颉刚、刘起釪《尚书校释译论》译文：唉！现在我告诉你们，我的迁移计划已决定不改易了。你们对于我所忧虑的事情，应当有所认识，不可漠然不重视了。你们应当各各把自己的心放得中正，跟了我一同打算！倘使有不善良的人，横竖也不肯听奉上命，奸诈邪恶，我就要把他杀戮了，绝灭了，不使得他们恶劣的孽种遗留一个在这新邑之内。）

这些内容虽然属于《尚书》的《商书》部分，实际上很可能应是周人在商代故事的基础上改写追拟的，并不完全反映商代的实际语言，但无论如何，这篇的撰作时代相当早。其中的"各设中于乃心"，依照古今多数注家的主流意见，意思是要求民人各自设中正于其心中，也就是说要让心合于中正的意思。古书中有不少"中"的例子被学者引来与此文合观、比较，就我所注意到的已有学者指出的比较重要的文例大致有如下这些：

> 非佞折狱，惟良折狱，罔非在中。……哀敬折狱，明启刑书，胥占，咸庶中正。（《尚书·吕刑》）
> 尚皆以时中乂万国。（《逸周书·祭公》）
> 度小大以正，权轻重以极，明本末以立中。（《逸周书·度训》）
> 祗应八方，立忠（中）协义，乃作。（《逸周书·成开》）
> 持欲正中。（《逸周书·周祝》）
> 克中无苗，以保小子于位。……维中是以，以长小子于位。（《逸周书·五权》）
> 民受天地之中以生，所谓命也。（《左传》成公十三年）
> 咨尔舜，天之历数在尔躬，允执其中，四海困

穷，天禄永终。(《论语·尧曰》)

严格分析的话，其中有一些是治理邦国的中道原则，有一些是比较具体的公平公正、中正无私的意思，有一些则更带有神秘主义的色彩、难以确切指实所谓"中"究竟是什么，也很难把这些"中"的内在演变理路说得很清楚。《盘庚》的"中"究竟接近于哪一种"中"呢？儒家的"中道"的思想源头，能否追溯及此呢？有意思的是，清华大学藏战国竹简《保训》一篇里有关"中"的神秘主义表达，给我们讨论"中"的渊源带来了一个新的视角（释文参用各家合理释读意见直接破读，以便省览）：

惟王五十年，不豫，王念日之多历，恐坠保训。戊子自沬。己丑，昧［爽］［□□□□□□□□□王］若曰："发，朕疾渐甚，恐不女及训。昔前人传宝，必受之以詷。今朕疾允病，恐弗堪终，女以书受之。钦哉，勿淫！昔舜久作小人，亲耕于鬲茅，恐求中，自稽厥志，不违于庶万姓之多欲，厥有施于上下远迩，乃易位设稽，测阴阳之物，咸顺不逆。舜既得中，言不易实变名，身兹备惟允，翼翼不懈，用作三降之德。帝尧嘉之，用受厥绪。於乎！祗之哉！昔微假（格）中于河，以覆有易，有易服厥罪，微亡害，乃追中于河。微持弗亡，传贻子孙，至于成汤，祗服不懈，用受大命。於乎！发，敬哉！朕闻兹不久，命未有所延。今女祗服毋懈，其有所由矣。不及尔身受大命。敬哉，毋淫！日不足，惟宿不羕！"

这是周文王在去世之前给武王发留下的遗训。因为此篇的文句内容与比较可靠的西周时代文献有一些距离，所以学者一般认为这应是一篇东周时代的拟作。当然，其中也可能有着西周时代史事、思想的底子，并不一定是一篇完完全全由东周人编造的作品。

在文王临终的遗言中，他要告诉武王的，只是一个"中"的重要性。无论是舜之由耕田的农人成为受尧帝禅让的君主，还是商人先公上甲微覆灭有易、使得有易服罪并最终至于成汤受命，都是因为"得中""持中"，甚至代代相传的结果。也就是说，文王是在训诫武王要敬慎不懈地行用"中"，以舜、微二人为典型，完成自己未竟的伐商大业、代商膺受天命。

《保训》这一篇文章的两个"中"，是颇难理解的。有人统计过，对《保训》"中"的说解至少有十几种之多，可能还在不断有新说出现。其中最棘手的问题是，舜所求的"中"，是靠他通过"自稽厥志""易位设稽"等手段得到的，这似乎是一个比较虚的、抽象意义的"中"（所以有的人理解为"中道""地中"等）；但是到了上甲微故事里的"中"，这个"中"可以"假"（多数人理解为"假借"之意），可以"追"（很多人读为"归"，也就是理解为归还的意思），可以传给后世子孙，似乎又是一个相当实在的、物质性的"中"。这其中的矛盾，应如何来调解，给出一个合理的解释呢？

这两个"中"其实不能分开作为两种不同的理解，否则作者谈的"中"都不是一个具有确定所指的，那这篇遗训要告诉读者的是什么，就很不好办了。在各种说法当中，我以为把"中"理解作"中和之气"的意见（参看王志平《清华简〈保训〉"叚中"臆解》，《孔子研究》2011年第2期），较接近于事实，因为这种讲法能比较好地照顾到"中"有一种虚实之间的意味。在传世的古书里面，有没有这种"中"的痕迹呢？其实学者已经注意到，在《礼记》的《礼器》篇中，有这样的话：

> 是故昔先王尚有德，尊有道，任有能，举贤而置之，聚众而誓之。是故因天事天，因地事地，因名山升中于天，因吉土以飨帝于郊。升中于天，而凤凰降、龟龙假。飨帝于郊，而风雨节，寒暑时。是故圣人南面而立，而天下大治。

帝王"升中于天"便能使得灵物（凤凰龟龙之类）到来，"中"的力量显然是非常强大的，古人有的就把"因名山升中于天"解释为"封泰山，告太平，升中和之气于天"，很可参考。我们知道，要使得神灵来格、万物备至的条件，古书中更多谈到的是"德"的重要性：

> 叔父其懋昭明德，物将自至。（《国语·周语中》）
>
> 王者厚其德，积众善，而凤凰、圣人皆来至矣。（《吕氏春秋·开春》）

可见"明德""厚德"与"升中"的作用是一致的。"中"的这种中和之气类似于有些学者指出的"精气"（中国古代叫"德"，关于"德"本来是文化人类学上所讲的图腾原质，即"马那"，参看李玄伯（宗侗）《中国古代社会新研》，182—187页）。舜在得到"中"之后，即很自然地"作三降之德"，明白点出了"中"与"德"的联系。具备了这种中和之气的人，便能理顺上下远近万物，使之自来，阴阳协调，名实相应，当然也是使舜最终能受帝尧禅位的一个最重要条件。

上甲微的故事里，所谓"假中"的"假"应读为"格"，即格致招来的意思；"追"字不读为"归"，实际上就是追寻、追念的意思（《诗·大雅·文王有声》"匪棘其欲，遹追来孝"的"追"），"河"也该如一些学者指出的，就是黄河。商人先公上甲微，则从黄河那里格致中和之气，覆灭了有易氏，有易氏终能服其罪，微公正处事而无枉害，又到黄河那里追寻那中和之气，最终获得并传留给子孙，以至于成汤受命建立了商朝。

总之，"中"即天地中和之气，乃是取得政权合法性的一个重要标志。前举《论语》之例中提到的"允执厥中"的"中"，可能就有些类似于这种含义的"中"，并非单纯的中正之义。《礼记·中庸》："喜怒哀乐之未发谓之中，发而皆中节谓之和；中也者，天下之大本也，和也者，天下之达道也。致中和，天地位焉，万物育焉。"这个"中"，与人的感情欲望相联系，又是天下的大根本，似乎也与《保训》能不违万民之欲、使得阴阳之物顺而不逆的"中"相合，还略能反映出这种"中和"之"中"原始性的一面。

正因为这种天地中和之气极为重要，治民治政即往往需用礼乐，因为据说礼、乐可分别与中、和相配：

以五礼防万民之伪,而教之中;以六乐防万民之情,而教之和。(《周礼·大司徒》)

以天产作阴德,以中礼防之;以地产作阳德,以和乐防之。以礼乐合天地之化,百物之产。(《周礼·大宗伯》)

关于"礼乐",详本书第六节,此处不赘。这时的"中"已经变成了一个更具有道德、政治意味的词。这跟"德"从原始的图腾性变成后来普通的德行、操守一类政治修身意义的词的过程是很类似的;只不过,"中"似乎看不出李玄伯所说的图腾性的"德""随团而异"的特征,应是一个更具有普适性的价值。

回过头去看前面所提到的《盘庚》篇的"各设中于乃心"的"中",我以为这个"中"其实就是一种带有原始图腾性的"中",也就是所谓"中和之气"。盘庚要求商朝臣民心中都设有此"中",即希望他们都能与自己戮力同心、跟他一同打算。大家都知道,关于"德",《尚书·尹诰(咸有一德)》有"惟尹允及汤咸有一德"的说法（参看邬可晶《"咸有一德"探微》，第二届古文字学青年论坛论文，2016年1月），这是异姓、异族人之间增强凝聚力的话语，商王对同族、一国内的臣民，则是要他们把这个"中"安置在心中，他们的"德"本来是同一的。

"中"的重要，体现在它后来强大的构词能力上。汉语词汇当中，出现了一系列与"中"有关的词，例如"中立"（《礼记·中庸》："中立而不倚，强哉矫。"孔颖达疏："中正独立，而不偏倚，志意强哉，形貌矫然。"）、"中庸"（《论语·雍也》："中庸之为德也，其至矣乎。"何晏集解："庸，常也，中和可常行之道。"）、"中道"（《孟子·尽心下》："孔子岂不欲中道哉？"赵岐注："中正之大道也。"）等。我怀疑，后来儒家"中庸"的思想，有可能就是在这个原来带有神秘主义的"中"的基础上面发展出来的一套学说。中国统治者的政治理念、老百姓的人生观、处世观、价值观，都与这个由神秘主义"中"发展而来的思想有着密不可分的联系，其好处、坏处，是说不完的话题。

"中国",是与"四方"相对的一个概念,强调屹立在天下之中央,这种名称所反映的自我认知,也是与上古中国先民特别地重视"中"的观念密切相关联。请看下一节分解。

贰

国

从域到国

"中国",是我们国家的名称,但是这个名称的原初含义并不是我们现在一般所理解的"中国"的意思。

目前在传世文献当中,最早的"中国"一词,见于《尚书·梓材》:

> 皇天既付中国民越厥疆土于先王,肆王惟德用,和怿先后迷民,用怿先王受命。(顾颉刚、刘起釪译文:皇天已把中国人民和这一大片土地付与我们的先王,所以我王呀,您也惟有用了德行来和悦那些前前后后受了迷惑的殷民,用来安慰那受天大命的先

王的神灵。)

《诗经·大雅·民劳》:

　　民亦劳止,汔可小康。惠此中国,以绥四方。……(毛传:"中国,京师也;四方,诸夏也。"陈子展译文:人民也够劳苦了,庶几可以稍稍安康。爱抚这些在国中的,以绥靖天下四方。)

　　民亦劳止,汔可小休。惠此中国,以为民逑。……

　　民亦劳止,汔可小息。惠此京师,以绥四国。……

　　民亦劳止,汔可小愒。惠此中国,俾民忧泄。……

　　民亦劳止,汔可小安。惠此中国,国无有残。……

以及《诗经·大雅·荡》:

文王曰咨，咨女殷商，女炰烋于中国，敛怨以为德。……（陈子展译文：文王说：唉！唉，你殷商。你骄傲自满的咆哮于国中，受了许多怨恨反自以为有德。）

文王曰咨，咨女殷商，如蜩如螗，如沸如羹，小大近丧，人尚乎由行。内奰于中国，覃及鬼方。（文王说：唉！唉，你殷商。好像小蝉儿的叫，好像大蝉儿的嚷，好像滚热的开水，好像煮熟的菜汤。小小大大的事态都日近消亡，人们还在那里从而前往。内而见怒于国中，外而延及了远方。）

大家熟悉的1963年出土于陕西省宝鸡市陈仓区贾村镇贾村的何尊铭文（参看右图），里面有一句后来反复被各种著述提及的话：

隹（唯）武王既克大邑商，则廷告于天曰：

余其宅兹中或，自之乂民。

"中或"二字一般被读为"中国"。

这几条史料，何尊铭文无疑是西周时代的（器铭所属时代大致有周成王和康王两种不同意见，以成王说信从者较多，但无论如何不出于西周早期），《民劳》《荡》大致也可以看成西周时代的作品。这是一个"溥天之下，莫非王土"的时代，当时周人的天下观，是一种被分成"中国"与"四方"（或"四国""诸夏"）的空间结构，"中国"的本义，其实就是居于天下之中的区域的意思，这个"国"与其说是"国家"，不如说是地域、城邑之义。我们在传世的古书中可以观察到，"国"字本身也有"地域""城邑"的用法，这可能是"国"字比较早的一种含义的孑遗：

> 雒阳虽有此固，其中小，不过数百里，田地薄，四面受敌，此非用武之国也。（《史记·留侯世家》）
>
> 国有班事，县有序民。（《国语·周语中》韦昭

注："国，城邑也。"）

实行分封制的周朝，在王畿和各诸侯国都有"国"（主要是国城及近郊）"野"（国之外的土田）对立的体制，国人大致是统治阶层及平民，野人则是被征服及被统治者。众所周知，西周晚期周厉王时有"国人暴动"，这个"国人"不是全国之人的意思，而是居住在畿内国城中的贵族、平民这类人。这种"国"，无疑是城邑、甚至是大邑的意思。"国"本来处于"野"的包围之中，"中国"即位于最当中的城邑、区域，自然更处于四国、四方的拱卫之中。在此地居宅，统治天下之民，本质上可以说是国、野这种中心辐射式统治模式的放大扩张。

从文字的分化关系上看，外面加了"囗"的"國（国）"字出现得较晚。根据古文字学家的研究，原来多被看成是"国"之初文的"或"字，其实最初是一种兵器的象形字，简单说，就是一种加了戈柲的管銎斧。这种斧刃部呈圆形或者接近于圆形（朱永刚《中国北方的管銎斧》所分出的 KB 型，参看右图），在管銎内插上柄（即戈柲）之后，就是我们在金文、甲骨文中常常看到的如下形体：

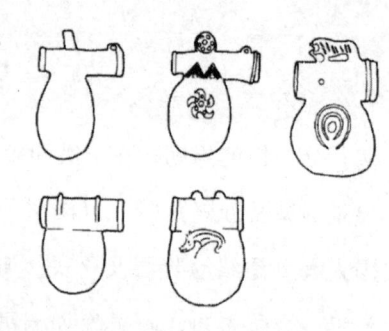

它就是"或"的最原始写法，也就是说，这一类的管銎斧的名称，当时应该就叫"或"。此后表示斧面部分的圆形，从戈柲上脱落（这类表意部件的一部分脱落下来、成为字形的一个独立部件的现象在古文字里面往往出现），变成如下形体：

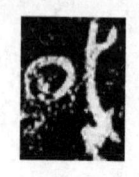

这已经是接近于我们所知的"或"字一般写法的形体，但是，跟《说文解字》的分析比较一下就知道，其中仍存在一些区别。《说文》"或"字下注：

或，邦也。从囗、从戈，以守一。一，地也。

一个很重要的差别，是"或"字本来并不从"戈"，而是去掉了戈头的"戈柲"之形（严格来说，那个圈形表示的斧才相当于戈头部份）；另外一个区别，就是"囗"（圈形）下面也没有所谓象征"地"的"一"形。那为什么知道金文里这样的形体一定是"或"呢？我们看到，西周金文有些从"或"的字，就写作这种形状，例如长安普渡村出土西周中期长囟盉铭的"淢"（"淢"是河流名故从水旁）字：

完全可以证明这一点。但许慎作这样的分析，也不是没有道理，他的字形说解虽然是以小篆为根据，但实际上小篆的这种写法，至少在西周晚期已经出现了，其间变化过程大致如下：

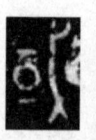

也就是说，在圆圈形的上下各多出了一道短横，后来上部的那道短横与戈柲粘连伸长并穿出，变成了类似从"戈"的形体，最后一例的写法虽然是西周晚期的字形，但已经跟小篆"或"字几无差别。在这个字形演进序列中，有一种最繁的形体，见于西周早期的金文，作如下之形：

不但圈形的上下有横笔，左右也有小竖笔。这种字形非

常重要，应该是当时"或"字的一种繁体。

　　为什么要在脱落的圆圈斧形的四围加上横笔竖笔？《说文》认为下面的"一"是"地"固然不可信，但张世超等所著的《金文形义通解》指出，圈形之外加上短横，就是"域"的初文，圈形是表示人居住的区域，而四道横笔是用以指示域界的符号，我认为这个意见是很有道理的。也就是说，"或"字在从原始的管銎兵器形演变的过程中，也逐渐地对字形进行了改造，即在脱落的圈形上下、左右加上短笔，把它改造成了一个有表意成分的字形（虽然这样已经很难解释右旁独立的戈祕形有什么构字功用了）。因此加上圈形周围短笔的"或"字，实际上就可以看成是"域"的最早的写法，严格来说已经不再等同于那个兵器的专字了。"域"字古代不单有区域的意思，也有封邑的意思（《汉书·韦玄成传》"无媿尔仪，以保尔域"颜师古注），所以，王念孙说"或、域、国三字，古声义并同"（《广雅疏证·释诂四》）。

　　用一个封闭的圈形或者方块形来表示人可以居住的

区域，古代有关的字不少：

啚： 邑： 正： 韦：

这几个字形中的方块或者圆圈（甲骨文刻写不便，往往把圆圈改为方笔刻写）就是表示一个封闭的区域的意思。第一个字是"啚"，也就是边鄙的鄙的初文（后来在"啚"字边上加了邑旁分化出来的一个形声字），在圈形之下"亩"也就是仓廪的"廪"的象形（象谷物堆积起来上有苫盖之形），字形所表示的就是比较偏远的农业区——边鄙、鄙野的意思；"邑"字的下边则是一个跪坐的人形，表示这个地方是适合人居处的地方，即城邑。"正"是象人往一个区域、城邑征行远足，即"长征"之"征"的初文。"韦"则是"围"或"违"的初文，象一个区域、城邑周围被包围或人足向一个区域的不同方向背离之形。古代还有"皿"即两个圈形相并的写法，这个字就是"邻"的初文，表示两邑相邻比并的意思。

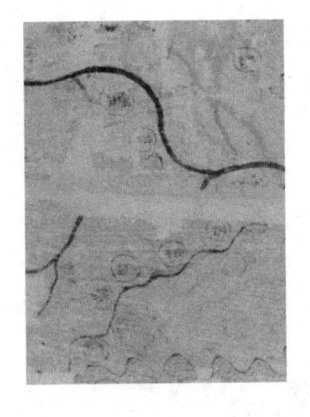

用一个圈形表示城邑、区域的意思，是十分自然的，我们去看古代的地图，例如马王堆的驻军图上面，这一类人众聚居地区都会有圆圈圈起来标识、内中书写名称（参看左图）。至晚商周之际就有地图的存在，西周早期的宜侯夨簋铭文中有如下记载（参看右图）：

省武王、成王伐商图，诞省东或图。

"东或"与何尊的"中或"相比可知即"东国"，意思就是东方地区。武王成王伐商有

地图，东方地区的诸侯国也有地图，周人伐商、二次克商平叛，抚定东方诸侯，都是靠了这些多半画在木版之上的地图。当时的地图，很有可能也已经用圆圈形来表示一些城邑居处之所，"啚""邑"字形上部的构件，很可能就是来自这样一个象征性的符号。在西周中期以后的金文当中，出现了真正的"國（国）"字：

是在"或"字外边加了一个"囗"（即我们通常说的"大口框"，音"围"）形，构成了一个形声字。其实这个"国"字造字本意仍应是"域"，封闭起来的"囗"的含义，其实就等同于"或"字的那个圈形，因此这种"国"字其实是"或"字的一个叠床架屋式的后起分化字。出现这个"国"字的录终卣铭文说：

虘（语气词），淮夷敢伐内国。

"内"，表示"里"的意思，与"外"相对，古人把居住的正寝、帝王所居之处就叫"内"，《礼记·檀弓上》："是故君子非有大故，不宿于外；非致齐也，非疾也，不昼夜居于内。"郑玄注："内，正寝之中。"《逸周书·克殷》："商辛奔内，登于鹿台之上，屏遮而自燔于火。""内"的位置是最核心、最重要的。因此"内国"，就是前面所举的何尊铭文"中或"，亦即位于中央、周人最核心的区域、城邑的意思。周人愤愤言道"淮夷敢伐内国"，可以解释为东南方的淮夷在西周中晚期对周人核心领地构成了很大的威胁。这是出于周人一方的叙述，如果推测实际的情况，似乎也不能排除是周人的盘剥压榨（西周晚期的兮甲盘铭说"淮夷旧我帛晦人"，也就是说周人从来认为淮夷的天职就是俯首称臣给周朝进贡布帛粮食以及奴隶的），当时在东南地域受到了比较大的抵抗而已。

在商代甲骨文一直到西周金文中，屡屡可以看到

"东或""南或""西或"的记载,甚至甲骨卜辞还提到"四或"(谢明文《商周文字论集》107页注4),西周金文中"四或"的说法则更是习见,研究者一般都认为这些"或"不是一般意义上的四方"国家"的意思,而是商周时代的东南西北四域(黄金贵主编《古代汉语文化百科词典》1050页;或以为与商代的四土观念相应,见上引谢书同页)。在早期古文字记载当中,这些区域常常遭受夷狄方国的侵略困扰,是商周中央十分关注的事情,且有时王直接参与到讨伐侵略的过程中,可以被视为是商周人领土疆域范围内的部分;相对来说,方国夷狄与中央王朝的关系就疏离得多,大致属于"非我族类"的区域,应该在观念上不被划入商周"四或"的范围之内。毛公鼎铭说当时国事蜩螗,"迺唯是丧我或"的"或",也是"域"(即疆域、领土)、城邑的意思而非"国家"的意思。

区域与区域之间,或是在观念及想像中,或是在实际的土地上,应有一定的范围区隔的标志,否则"淮夷敢伐内国",到底打到什么地方才算是侵略"内国"便不好界定；什么地方的土地丧失才算是"丧我或（域）"，想来也应该有明确的界标。疆土的"疆"，本义是"界"，本字作"畺"（"彊"是从弓畺声的形声字，本义为强；后"畺"字废，或假借"彊"字为之，后复加土旁造"疆"字表示其本义），在西周金文中就能看到此形：

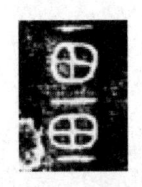

在金文中用作"无疆"之"疆"即是本字本义（"无疆"就是无边、无竟之意）。字形在两块田地之间和上下都画出边界（《说文》"畺，界也，从畕三其界画也。"），"畫（画）"字下半也正是画出田界的形状。参考"畺"字，并结合"或"字早期的字形（特别是这类写法）分析，它应该就是为"域"的本义"疆界"所造的一个字：

二 国

古帝命武汤，正域彼四方。……邦畿千里，维民所止，肇域彼四海。(《诗·商颂·玄鸟》郑玄笺："肇，当作兆。王畿千里之内，其民居安，乃后兆域，正天下之经界。"孔颖达疏："笺以肇域共文，当谓界域营兆，故转肇为兆。言已令千里之内，民得安居，乃后正天下之经界，以四海为兆域。先安畿内，后正四海，言其自内及外也。"朱熹集传："域，封境也。")

"正域"就是正其疆界的意思，《说文解字》以"域"为"或"的异体，是完全正确的。这种意义的"域"，古书里还写作"囿"或"有"，段玉裁《说文解字注·囗部》："凡分别区域曰囿。常道将引《洛书》曰：'人皇始出，分理九州为九囿。'九囿，即《毛诗》之'九有'，《韩诗》之'九域'也。"所谓"九域""九有/囿"，就是大家熟知的"九州"。关于"九州"所指，古书和出土资料中指称不一，聚讼纷纭，《周礼·职方氏》的划分是以"东南""正南""河南""正东""河东""正西""东北"

"河内""正北"为方位标准，没有严格使用九宫配位的形式，但有一些汉代以后的古书是以正中加八方的位置配列九州的，可能是战国以后规整化的结果。早期的情况究竟如何，以及何时出现九州的观念，都不很清楚。前些年保利艺术博物馆收藏的流散铜器遂公盨，其铭文讲到大禹治水有这样的话（上图）：

　　天令禹尃（敷）土，堕山，浚川，迺畴方设征，降民监德……

"畴方设征"一句释读有许多异说，这里不讨论。李学勤认为此句与《书序》提到的"任土作贡"有关，可能是有道理的。"畴方"的"方"与古人认为大地为方的观念相关（《淮南子·本经》："戴圆履方，抱表怀绳。"

高诱注:"圆,天也;方,地也。"),"畴"可以指田地分界,这里用为动词,可能就是划分土地的界域的意思。这句大致是讲禹在平治洪水之后,就对大地进行了界画,设立各地的征赋。至于彼时究竟有无九州观念,尚不得而知。后人在禹平治水土划分九州的知识背景下造了一个词,叫做"禹域"(日人中村不折著有《禹域出土墨宝书法源流考》,见左图),意思则大致相当于我们通常所说的"中国"的概念。在九州八方思维模式底下,武周政权新制"圀"字(《朝野佥载》"改令中为'八方'字"),并流传到日本,这是后话。

和豳公盨铭的"畴"可以用作动词一样,"域"也可作动词使用:

域民不以封疆之界,固国不以山溪之险,威天下不以兵革之利。(《孟子·公孙丑下》赵岐注:"域民,居民也。")

是以圣王域民,筑城郭以居之。(《汉书·食货志上》)

把老百姓限制在一个范围之内(例如有城郭的邑)加以治理,这个动作也是"域",所域之地自然也就是城邑义的"域"或者"国"了。因此从概念和语言上讲,"国"可以肯定是比较晚起的、从"域"当中派生出来的一个词。从前述文字分化演变上,我们也能观察到这一事实。

因为"國(国)"字的外框较难写,因此常常在东周文字中看到把右侧一竖笔省去的:

甚至是把顶上一横省去、把圈形之下一横与外框合并只写一个"乚"旁的"国":

虽然外形上更接近于"或"字（它偶尔确实也能用作"或"的意思），但实际上在战国时代人的心目中，这是一个地道的不折不扣的"国"字。上博简《民之父母》有"亡服［之］丧，施及四󰄀"一句，有人认为这个字是"或"应读"域"，其实这应该就是"国"字，与今本《礼记·孔子闲居》"无服之丧，施及四国"恰相对应；当然，这里"四国"的意思不是四面的诸侯国，而是四方的意思。

让我们回到本节开头提到的何尊铭文上来。铭文记"惟王初迁宅于成周"，也就是说成王在洛邑建成之后，迁都成周。成王在京室训诰宗小子（贵族宗族长）说："武王攻克大邑商之后，在大廷向天帝祝告说，我要在这中或（域）居宅，从这里治理百姓。"所谓的"中或（域）"，研究者早已指出，就是《尚书·召诰》的"土中"和"中"：

王来绍上帝，自服于土中。旦曰：其作大邑，其自时配皇天，毖祀于上下，其自时中乂，王厥有成命，治民今休。

意思是：

王来佐助上帝，到四土之中心区域臣事上帝。周公旦说：应该建造一个大城，在这里匹配皇天，恭谨祭祀上下神灵，从这土中来治理，王有着上天既成之命治民，会有好的结果。

周公类似的表述，也见于《逸周书·作雒》：

周公敬念于后曰："予畏周室不延，俾中天下。"及将致政，乃作大邑成周于土中，城方千七百二十丈，郭方七十二里，南系于雒水，北因于郏山，以为天下之大凑。

从文字看，《作雒》的写作时代大概晚一些，但也是说要使得周室处于天下之中、在土中作一大城，方能将周人统治延长。营建东都的计划，应当是武王在世的时候就有打算的，不单是何尊铭文里面这样说，《逸周书·度邑》也详记武王宣称过"自雒汭延于伊汭，居易无固，其有夏之居，我南望过于三涂，我北望过于岳鄙，顾瞻过于有河，宛瞻延于伊雒，无远天室，其名兹曰度邑"的营建东都的具体设想。《度邑》篇的写成时代也要晚一些，但武王有此设想应该确实可靠。

古人认为伊洛二水的弯曲处的平原，是天下之中，纬书《孝经援神契》说：

> 八方之广，周洛为中，谓之洛邑。

按照《史记·周本纪》的说法，选择天下之中建东都，能使得"四方入贡道里均"，言下之意就是宗周旧都偏处西方，职贡路程不均。除此之外，东都的建立也有更加直接的政治需求。众所周知，周初克商之后的内外情势非常复杂，不但以武庚为首的殷遗民叛周，周人贵族内部也发生严重分裂，直到周公东征（也就是第二次伐商）之后，才算真正控制住了这一地区，周人总结殷亡的教训，要继续掌控东部的地区，就必须把武王时候的设想付诸实施，应该说，武王在建立东都以控制东方这一点上，无疑是一个极富先见之明的君主。

当然，周人之从宗周镐京把政治重心分出一部分至河南洛阳这一"中域"，不但具有实际政治军事上控制的作用，在重视"中"这一传统的古人心目中，其实同时便具有了政治法统上的正统性，真正从"小邦周"（见《书·大诰》）变成了一个有资格宰制天下的共主，所以《史记》所谓的"四方入贡道里均"这一解释，确有其合理性。史念海指出，"按照当时的情形来说，这'天下之中'是不错的。由雒邑东至齐、鲁，西至秦的西垂，距离相当仿佛。就是南至汉阳诸姬，北至邢、卫，也是差不多的。以这样居于全国中心的都城控制当时的封建诸侯，就周王室而论，乃是最为合理的事情。"（《人文杂志》1958年2期，77页。）前引的《大雅·荡》文王指责殷商"女曰烋于中国，敛怨以为德"，似亦可见居于"中域"在法统上的重要性，何尊铭文所说的"武王既克大邑商，则廷告于天曰：余其宅兹中或，自之乂民"，"大邑商"与"中或（域）"在文王、武王心目中可能是基本对等的概念。

《尚书·康诰》记载：

> 惟三月哉生魄，周公初基作新大邑于东国洛，四方民大和会，侯、甸、男、邦、采、卫、百工、播民和，见士于周。

所谓的"东国洛"其实本来也是"东或（域）洛"，洛阳一带相对于以宗周为中心的周人旧都而言自然是"东域"，这只是一个参照系的不同罢了，有学者指出，在周室东迁以后是不会有这种观念的。更重要的是，在洛邑初建之时，举行过一次"四方民大和会"（《尚书·康诰》），这大和会的性质已经得到了西周成王时代的保卣保尊铭文和荆子鼎铭文的证明：

乙卯，王令保及殷东或（域）五侯，诞贶六品。……遘于四方迨（会）王大祀，祓（侑）于周，在二月既望。（保卣、尊，右图）

丁巳，王大祓（侑）。戊午，荆子蔑曆，敞白牡一。己未，王赏多邦伯，荆子丽，赏乩（乩字上还有一个摆臂人形，可能是声旁）卤、贝二朋。……（荆子鼎，下图）

二 国

"四方会王大祀",也就是四方诸侯来参与成王的这次大祭(辞例同于麦方尊铭文:"(井)侯见于宗周……迨(会)王馆方京酒祀。"),王是在"周"进行的侑祭,这个"周"在哪里直接关系到所谓"东或(域)"的方位所指,而这就又牵涉对史事的定性。李学勤说:

《左传》昭公四年:"六月丙午,楚子(楚灵王)合诸侯于申,椒举言于楚子曰:'……霸之济否,在此会也。夏启有钧台之享,商汤有景亳之命,周武有孟津之誓,成有岐阳之蒐,康有酆宫之朝,穆有涂山之会,齐桓有召陵之师,晋文有践土之盟……'"杜预注云:"周成王归自奄,大蒐于岐山之阳。岐山在扶风美阳县西北。"传文所说成王岐山之蒐,实际是诸侯的会盟。杜注凿定其时在自伐奄回归之时,是根据《尚书·多方》的序推想的,不一定可信,但对岐阳地理位置的说明是准确的。

《国语·晋语八》:"昔成王盟诸侯于岐阳,楚为荆蛮,置茅蕝,设望表,与鲜牟守燎,故不与盟。"

前人认为也是讲"岐山之阳"的这次会盟。

《诗·閟宫》说太王"居岐之阳",《皇矣》也讲文王"居岐之阳","岐阳"就是我们熟悉的周原遗址所在,周初封周公为采邑的"周"。保卣、保尊云"四方会,王大祀祓于周",这个"周"不是宗周(镐京),也不是成周(洛邑),而是岐阳的周。周原遗址出土的西周卜甲、西周陶文,常标记为"周"。因此,保卣、保尊和斗子鼎(引者按:即上文所讲的荆子鼎)所载,正是成王岐阳会盟诸侯的史迹。

《左传》称岐阳此次会盟为"蒐","蒐"是春季的田猎活动,详见《周礼·大司马》等书,据称当以仲春举行。保卣等铭文虽未明说到有"蒐",但所记"二月"恰好是仲春之月,这恐怕也不是偶合。

他将这两篇铭文及《康诰》所记与岐阳之蒐联系,是非常有价值的意见。不过毕竟铭文当中没有提及所谓岐阳之蒐,而都只是突出诸侯邦伯与成王的殷同会见、祭祀等事,能否等同于岐阳之蒐,很难肯定,所以《康诰》

及铭文中的"周"是不是李学勤所说的岐阳（即扶风美阳）之周，也是一个未知数。我个人认为，这里的"周"，仍然是指镐京宗周。这次祭祀及殷同，很可能是招致四方诸侯，为东都营建作经济、政治以及军事准备的大会，说直白一点可能就是类似"四方入贡"（有钱出钱、有力出力）的事情。保卣保尊铭文所谓的"东或（域）五侯"，很可能就是指在洛阳附近周人领土边裔之地（特别是与淮夷、戎人等接壤之地）斥候的军事首领，可惜具体所指不明。会见、安抚这些军事首领，并让他们参与助祭，自然有稳住"东域"这块周人刚刚控制的领土的意图在内。因为这时的西周王朝尚未建成东都，所以这样大规模的祭典和会同，都只能在周人旧都完成，想来对于四方诸侯中的许多成员，特别是东边的人而言，都是相当不便的事情，就这一点而言，东都成周的营建确实是有其历史意义的。从这些出土材料来看，周初对"中国"的营建，面临重重困难与阻力，恐决非一件易事。

作为主权和领土意义上的国家的"国"，本来多称为

"邦",特别是在商、西周时代,邦、或(域)的差别十分明显。"邦"的语源来自"封",它是分封的诸侯国家,有比较确切的国境范围、领土标志(封树、四至之类),即所谓"封邦建国"的"封邦"。管仲在回答楚成王为何齐桓公要远道来征讨楚国的问题时,讲了这样一段话:

> 昔召康公命我先君大公曰:"五侯九伯,女实征之,以夹辅周室。"赐我先君履:东至于海,西至于河,南至于穆陵,北至于无棣。

这就是齐邦初封时的四至。大西克也《论古文字资料中的"邦"和"国"》一文指出,西周时代,"或"字前多加方位词(东、南、中、内、下等)而"邦"则只冠以专名(如周邦),只有"四或",而可见"廿又六邦""万邦"这类表述;由此可知,"或"在早期确实没有比较明确的国家含义,"或/国"可能大致在春秋以后从"域"的意思当中引申出与国家义接近的一种用法,但仍是不普遍的、配合具体语境的一种义项(例如金文中"建我邦国""赏宅受国"等语)。

"邦"被"国"代替,众所周知主要是西汉政权建立,为避汉高祖刘邦的讳,逐渐用"或/国"这类字取代了"邦",例如相邦被改为相国、属邦改为属国之类,古书里的很多表示国家义的"邦"都被改成了"国"。其实"邦"的被淘汰,另外还有一层更早的原因,即秦的统一。在湖南湘西里耶古井第八层出土的秦代简牍中,有一枚被命名为"更名方"的木牍,是秦代官方对用字用语进行统一规范的诏书,其中有这样的规定:

骑邦尉为骑校尉
郡邦尉为郡尉
邦司马为郡司马
毋曰邦门曰都门

孙闻博《秦汉军制演变研究》指出,秦所称的"邦"从《商君书》等战国时代秦文献中的遗痕看,本指整个秦国(邦),随着秦兼并统一过程中开始设郡,郡就相当于一国（邦），所以统一之前的秦郡本来也称"邦",战国晚期秦简中所见的"邦尉""邦司空""邦司马"其实都是郡的职官。在统一之后的郡县制下,"邦"的称呼被取消了,这些职官及名称也都作了相应的更改。因此"邦"字的命运,先后经历了郡县制和避讳的两重人为淘汰（制度上的名称,也许在秦代被改了一部分,但古书里的大部分"邦"应该是西汉以后改的）,最终成了古汉语中不再与"国家"义最紧密相关的字。所以秦到西汉时代是"国"最终取代"邦"的地位的一个大关节,这一用词的变迁也可以说是秦汉社会历史变迁的折射和烙印。

总而言之,"中国"本来并不是一个特定的邦国名称,是周人以洛阳一带为中心区域的天下观底下的产物,这个区域本身也会因为观察角度的变化而变化。如曾被称为"东国",其间所指并无区别（待东迁之后,周人心目中的"东国"所指肯定就相应地发生变化,好比楚的"东国"也是一个变动的概念,这点学者早已指出）,因此"中国"这个词原本可以说是一个人文地理或政治地理的概念。到了春秋战国以后,雒邑作为政治都会的重要性降低，天下之中转移到了经济都会"陶"（今山东定陶），并对当时的国际政治形势产生影响（史念海《释史记货殖列传所说的"陶为天下之中"兼论战国时代的经济都会》，《人文杂志》1958年2期）。对于战国时代的人来说，也许定陶一带就是当时的"中国"。但是洛阳一带是天下之中的观念，深深地印刻在士大夫和普通民众的心中，苏轼诗云"洛邑从来天地中，嵩高苍翠北邙红"（《追和子由去岁试举人洛下所寄诗五首》之二），便是明证。

周王自居天下之中，东南西北四土四国莫非王土，这种观念的重要性，也直接影响到了稍晚一点的宗教观念和祭祀。五方帝的信仰（黄帝、太皞、颛顼、少皞、炎帝），黄帝地位的突出，姬姓的周人自认为出自黄帝等等观念与传说，可能都与这种地理结构认识有一定的关联，这些问题比较复杂，这里就不多谈了。总之，成王"宅兹中国"这一件事情的重要性，确实再怎样估计都不为过的。

叁

夏

在还是不在?

一说到"夏",除了那个酷日难耐的季节,很多中国人头脑中就会联想起历史上最早的王朝。是的,司马迁撰写《史记》,第一篇讲的是虚无缥缈,时、地、人、事难以推求的五帝时代,紧接着,就进入了有王朝、有世系、有事迹可考的"夏",神话时代、传疑时代开始向历史时代发生转折。《论语》中,孔子两次谈到夏礼:

> 子曰:"殷因于夏礼,所损益,可知也;周因于殷礼,所损益,可知也;其或继周者,虽百世可知也。"

> 子曰："夏礼，吾能言之，杞不足徵也；殷礼，吾能言之，宋不足徵也。文献不足故也，足则吾能徵之矣。"

孔子的意思是，周礼、殷礼和夏礼之间都有因革损益关系，他自信能说清楚夏礼和殷礼的门道，但又叹息作为夏、商之后的杞、宋二国的实际情况已不能引来印证其说。由此可见，孔子心目中的"夏"非但是一个确实存在的王朝国家，而且是跟殷、周二代一样，具有一套完整的典章制度的朝代。《礼记》的《明堂位》《檀弓》（尤其是前者）等多篇记有夏代的典章制度，可能就来自孔子及其后学的总结性记述。

尽管古人对"夏"的存在，几乎从来没有怀疑过，但这个问题在近代以来成了一个并非不容置疑的话题。近代疑古思潮兴起之后，不仅黄帝、颛顼、帝喾、尧、舜的历史性遭到否定，夏代的存在也曾遭质疑。胡适在20世纪20年代给顾颉刚的信中提到：

至于以山西为中心之夏民族，我们此时所有的史料实在不够用，只好置于"神话"与"传说"之间，以俟将来史料的发现。

然而"古史辨"派的主将顾颉刚虽则一贯地强调"禹"的神性（最直观抓人眼球的表述就是"大禹是一条虫"，因为曾遭鲁迅暗讥而成为近现代学术史上最有名的命题之一。其实这在顾氏的论证中实在只是一个不重要的推论，不明原委的人很容易拿来说笑）、强调禹和夏代本来无关，却从不怀疑夏代的存在，倒是"古史辨"派的后起之秀杨宽认为夏代历史中的大部分是周人根据东西神话辗转演述出来的，认为商以前的古史传说人物皆出东夷商先人的神话，陈梦家则认为夏史是从商史中分化出来的，他们都从否定夏代记录的真实可靠性来否定夏代的实存。虽然后来杨宽并不再坚持他早年的激进看法，但这至少也是学术史上曾经存在的一种声音，并实际影响到后来海外汉学对待夏的态度。当然也有折中的态度，例如郭沫若20世纪30年代所著的《青铜时代》，强调夏代应该属于传说时代,但这并不意味着夏代不存在,但夏代不会有多么高的文化,"有的只是一点口头传下来的史影"。

而主张夏代是中国历史开端的学者,所举文献方面的理由大致也都差不多,比如最重要的一点是杨筠如《中国史前文化的推测》(《暨南文学院集刊》第二集,转引自杨宽《中国上古史导论》)曾指出的:

> 《史记》所载商代世系,经甲骨文的证明,大致不算错误,知史公所记,大略根据古代谱牒,那么夏代的世系,也不能认为全伪,并且夏之季世的君主,有孔甲和履癸,或者就是殷人十干为名的先声,也可说是与商民族接触的结果。

这无疑是承袭了杨的老师王国维在讲义《古史新证》中所表述的"《史记》所述商一代世系,以卜辞证之,虽不免小有舛驳,而大致不误。可知《史记》所据之《世本》全是实录。而由殷、周世系之确实,因之推想夏后氏世系之确实，此又当然之事也"的态度而加以发挥的。最近考古学家刘绪在《夏文化探讨的现状与任务》（《中原文化研究》2018年第5期）一文中提到：

> 按照殷墟甲骨文对商先公先王的祭祀系统（"周祭"祀谱为主），商先公先王自上甲以来的世系基本与《史记·殷本纪》商世系吻合，若结合其他先秦文献记载，商先公还可前推再早一点。对此，王国维早在百年前就已揭破。既然承认殷墟甲骨文（武丁以来，盘庚三兄弟时有无甲骨文发现，学界尚有争议）是可靠的，相信文献所载商王武丁以来的晚商是存在的，是可信的，那么，我们接着可以提出这样的问题需要回答：武丁诸父盘庚、小辛与小乙是否一定不可信？应属传说时代？恐怕没人敢说是百分之百不可信。如果武丁的父辈可信，其祖父祖丁又是否可信？依次上推，更早的先公与先王又如何？上溯到哪一代就不可信，属于传说时代了？肯定没法界定。即使越早可信度越小，那也不能断然说武

丁以前的所有先公先王都不可信，上甲等先公和成汤就没有一点可信度，早商文化与先商文化不能提，不用探讨。众所周知，上甲与"三报二示"早于成汤，属商先公时期，亦即商代以前，与夏同时。中国考古学家把这一时期称为先商时期，把其考古学文化称为先商文化予以探讨，总不能说是毫无根据的诡诞之谈吧。王国维据甲骨文肯定《史记·殷本纪》商世系之可靠，并进而推断《史记·夏本纪》之夏世系之可靠为"当然之事"的说法，也不会是痴人说梦。

"越早可信度越小"，这是顾颉刚层累造成古史说的一种简单表述，理论上确实不能排除这种规律对历史记载可靠性的制约。王国维曾根据经他缀合的一版甲骨合祭卜辞的记载（右图即《甲骨文合集》32384，上方两块是王氏立论所据的缀合，下方一块是后来

董作宾的加缀），证明所谓"三报"即《殷本纪》"报丁——报乙——报丙"的次序应当校正为"报乙——报丙——报丁"，连同三报之前的上甲微，和其后的主壬、主癸，日干名恰以甲、乙、丙、丁、壬、癸为序，与十天干内部顺序完全一致，王氏对此的解释是：

> 疑商人以日为名号，乃成汤以后之事，其先世诸公生卒之日，至汤有天下后定祀典名号时已不可知，乃即用十日之次序以追名之，故先公之次乃适与十日之次同，否则不应如此巧合也。

也就是说这种次序规整的先公日干称号，实际上是较晚的时候追记的，因为在商朝开国君主成汤之后已经记不清其先世诸公的名号了，就姑且以这样齐整的次序作为代号来记录，就好比我们现在要隐去某一事件中的人物，就会以甲、乙、丙、丁之类代称。王氏所言，实为非常合理的推断。近来有学者否定王氏据甲骨文合祭卜辞的顺序校改《殷本纪》的做法，认为这是不同目的的记录，

三 夏

祭祀卜辞只是反映了祭祀的顺序而非即位的先后，不能据以校《史记》，《史记》的记载不误（《历史研究》2016年4期，174—180页）。这一驳论恐不可信。据裘锡圭研究，甲骨中此类大合祭不是一般的祭祀，是卜辞中所谓"自上甲廿示"，也就是武丁时代以上甲以下各世直系先公先王为主要对象，再加上若干在商代王位传承上所处地位极为特殊的若干旁系先王进行的大合祭，一共二十位先公先王。这种合祭的整个祭祀的次序，从几版相关的卜辞看，都是按照这些先公先王的即位次序排列的，不可能存在周祭祀谱为了按照日辰排列祭祀顺序而颠倒其实际王位顺序的情况（尤其是不能解释为何只调整了"三报"次序，而对其他先王祀序丝毫不加更动）。因此成汤之前的"先商时代"先公世系记录的可靠性、准确性，确实应当持保留态度的；我们不能因为商人的祭祀卜辞提到了成汤之前的先公，其时代相当于"夏代"，就可以从逻辑上证明作为一个王朝的"夏"是存在的。这就好比历史上的很多国族，都把始祖追溯至黄帝，那就能说明五帝时代世系也是可靠的么？称相关考古学文化

（例如二里头文化）为"先商文化"的合理性，我认为也远远大于直接认定为"夏文化"的合理性，因为在商代以前存在的"夏"，很可能并不是一个统治领域广大的"王朝国家"，而只是中华大地上众多酋邦中的一个，夏如作为一个酋邦，恐无法与一种考古学文化直接相对等；时代落在据文献推定的"夏代"时段范围内，也不意味着这种考古学文化的所有遗址遗物都必然属于"夏"。总之，文献中介于传说与史实之间的"朝代"，如何用考古学文化去证实，存在很大的问题。考古学家陈淳曾指出：

> 且不论文献中夏代的真实性如何，我们目前单凭史籍中的记载就确认夏就是第一个国家是有问题的，因为古人或司马迁那个时代所谓的国家和我们探索的早期国家在科学定义上是否一致是有问题的。……
>
> 一个例子是盎格鲁撒克逊英格兰的国家。文献中记载，大约于公元1155年前后成书的《盎格鲁撒克逊编年史》，提及国王出现在公元500年左右，

这很容易使历史学家将其作为国家出现的依据。但是经考古学独立研究认定,一个真正的国家要到公元780年左右默西亚(Mercia)的奥法国王(King Offa)或公元871年韦塞克斯的艾尔弗雷德国王(King Alfred)时期才形成。十分明显的是,历史文献记载的所谓"国家"实际上是现代科学概念的"酋邦"。

另一个例子是埃及。从文献证据而言,古埃及的国家形成一般认为从上埃及和下埃及政治统一的0王朝开始。但是考古学的独立观察认为,当纳尔迈在征服了三角洲地区之后,其统治方式仍然是南方酋邦的延伸,标志一个国家的特征一直要到第2王朝才真正出现。

所以陈淳和国外很多考古学者反对国内很多考古学者将"二里头文化=夏文化=夏民族=一批有特色的器物分布=夏国=夏国疆域"的推理逻辑。我认为,这种批判精神是值得珍视的。

然而，不管"夏"的性质如何，前后有何种变化，我们由文献的记载出发，有理由相信"夏"无论从事实还是史观上都应是存在的，否则周公不会在成周建成、迁了殷顽民过去之后，以"殷革夏命"的历史对他们进行了一番教育（《尚书·多士》）。有的人认为这是周人为取得代商合法性编造的故事，恐怕是疑古过度了，这些"顽民"中很多是殷贵族，文化相当高，决不至于被周人的政治谎言"洗脑"。只不过周人所说的这个"夏"为何种性质，在实际的历史上这个"夏"曾经发生过怎样的变化（比如从酋邦变化到统治范围较广的早期王国），倒是可以考虑的问题。

有的西方学者如贝格利则认为，甲骨文从未发现有关"夏"的记载，没有丝毫迹象表明商王把自己看作是夏的合法继承者。对于这种说法，首先要指出，这是在不恰当地使用"默证"。甲骨文主要是占卜内容的记录，是不是夏代的合法继承者这样的事情，怎么可能在卜辞里面进行占问呢？商人对这一点应该丝毫不存疑虑才对。周公说过，殷革夏命的事情是载在典册的。甲骨文并不是当时所有历史、思想记录的总和，甚至连主要的书写载体都谈不上。其次，甲骨文确实没有夏代的史迹，但是甲骨文里并不是没有"夏"字。何组卜辞中有一位贞人（占卜中专门负责卜问于龟的人）的名字写作：

用楷书写下来就是上边一个"日"、下边一个"頁（页）"，所以一般把这个字隶定成"晿"（这个字形见于梁代顾野王《玉篇》，意思是"明"，但中古的这个"晿"字和甲骨文此字没有直接关联）。"页"是象人头及身躯之形，虽然它跟《说文解字》"夏"字篆文 结构有差别，但从两方面考虑，它很可能是"夏"字，理由之一是"夏"字用作人名字很合理，这个字所象之形，应该如很多古文字学家所说的，一个人跪坐在当空的烈日底下，这应该就是为"夏日"之"夏"所造的本字。二是从西周金文和东周时代的"夏"字看，甲骨文这个字应

当就是它们的早期渊源。古文字确凿无疑的"夏",大致可以分为有"日"和没有"日"的两种写法:

我们今天的"夏"字,就是在第二排这种没有"日"的写法上进一步简化人所伸出的两手形而来的,这一系是秦文字的写法。第一排中的"夏"字都有"日"形,前三个金文字形与甲骨文所不同的有两点,人是站立着画出脚形的,手也是伸展出来的,甚至第二个字形也是左右两手都伸出来的;在后面几个战国晋楚文字当中,还能看出伸出的手形如何从人身体上脱落,如何逐渐变成"虫"形,最后又把人手形省略的过程,省略手形之后的最后两个形体,又回复到了甲骨文的那种最早的写法。人在夏日面对太阳,为什么要伸出双手?这是让人想不明白的一个问题,也许只是一个没有特殊音义作用的区别形体而已，这里不多作猜测了。

甲骨文中有"夏"字，这虽然对证明夏的存在并非积极证据，但至少仍是一个值得注意的文字学方面的事实，藉此可知商人记录"夏"的事迹确实存在文字上的可能性。但目前的考古学文化证据尚不足以证明"夏"的存在，就是因为我们没有发现可靠的，成体系的共时性文字证据，这是夏文化探索中最核心的要害。

胡适在1919年出版的《中国哲学史大纲》中认为东周以前的古史都要存疑，但甲骨文的重要研究成果迭见，他向顾颉刚宣称要转向信古，这一转变不可谓不剧烈，关键是在于有了支持中国古史的"硬证"。我们现在之所以相信商代的存在及历史记载，不只是简单地因为在所谓"龙骨"上发现了字而已，而是在"洹水南殷虚"（《史记·项羽本纪》）发现了内容可以与《殷本纪》等传世文献内容相印证的甲骨文。这是在恰切的地点出土了"共时性"的关键性文字证据。如果没有确切的出土位置，没有可以与《殷本纪》等王名、世系对应的甲骨所见的日干名及世系、亲属称谓，没有大量的王卜辞及贞人序列组合的确认，没有甲骨中的"大邑商"等关于"商"的记载，即使出了一些信息量级不够的甲骨文字，也是没有办法据此确认商代记载的可信程度的。回顾甲骨发现的历程就知道，刘鹗在他所编的第一部甲骨资料著录《铁云藏龟》的序言中指出殷人以天干为名，故推测甲骨文是"殷人刀笔文字"，及至罗振玉1908年访明甲骨真正出土地为安阳（但他误认为是武乙之墟）之后，方明确指出甲骨名号可与《史记》对应者即为殷王，这认识上的一步步深入推进，十分清楚地说明了这不是一个单纯的文字问题，而是与相关历史考古信息相匹配对应的综合性复杂论证。尽管没有发现确切可靠的武丁之前的卜辞，但我们之所以相信商代先王世系大部分可靠，是因为殷人的祀谱不可能完全出于编造，且基本上与《史记》等书能相印证。"夏"的考古学寻证的最大缺憾，则正在于此。

总之，基于文献及合理推理基础上的积极的"信"，与考古学、古文字学方面决定性证据缺乏而导致的"疑"，构成了有关"夏"之有无及性质的讨论中最大的现实困境。

而且，基于文献讨论"夏"的不少问题，其实也并不是那么简单的。这里非常简单地讲一个问题，即"禹"和夏的关系问题，以及由此可以引申开来的有关"夏"的文化意义问题。

在大部分的古文献中，都是把治水的禹作为夏代的开国国君的，但是古史辨派学者在禹本具神性的认识基础上，主张禹和人间的朝代"夏"本来没有关系，在这方面主张最力的是顾颉刚。顾颉刚指出，《诗》《书》谈及禹的九条，完全没有连及"夏"字；讲到"夏"的全没有提起夏与禹的关系，《多士》《多方》并言夏殷，言殷则必举成汤，言夏则从不举禹，《立政》夏商对举的两段话（按：引文及标点从顾文）：

> 古之人迪惟有夏，乃有室大竞，籲俊尊上帝，迪知忱恂于九德之行。……桀德，惟乃弗作往任，是惟暴德，罔后。
>
> 亦越成汤，陟丕釐上帝之耿命，……克用三宅三俊。……呜呼，其惟受德暋，惟羞刑暴德之人同于

厥邦！

顾颉刚说："在商则举出创业的成汤与亡国的受，而在夏则但举出亡国的桀而不举出创业的禹"，而且"做《立政》的人并不是不知道禹的（篇末即言'其克诘尔戎兵以陟禹之迹'）"。这一论断十分重要，且可得到新出文献的两条证据。《清华大学藏战国竹简（伍）·厚父》一篇，据我的意见，应是西周人根据当时流传的夏人传说编写的一篇《尚书》类文献，属于所谓"《夏书》"的一种，孟子曾读到并引用过它的文句。全篇内容是记录夏代孔甲之后的某王与其大臣厚父的对话。该篇开首说：

> □□□□王监劼绩，问前文人之恭明德。王若曰："厚父！□（按，此字不识，可能是王自称其名）闻禹……[_]川，乃降之民，建夏邦。启惟后，帝亦弗恐启之经德少，命皋繇下为之卿事……"

简文句子虽然略有残损，但仍然包含重要信息。"降之民"的"之"是指禹所平治的水土,也就是古人常说的"禹迹","降之民"即天帝把民降到禹迹之上。从上下文看,降民、建夏邦的事情,跟禹这一神话人物本身已没有直接关联了(禹治水土只是给上天建立夏邦提供了一个舞台、做了必要的前期准备而已),进而也就可以说,禹和夏之间的关系仍然是很弱的,更没有根据说禹就是夏代的首王了。从下文看,"启惟后"一句似乎是交代建立了夏邦之后,真正作为夏的君主的是启,简文根本没有交代他是代禹为王,也没有交代他是禹之子,好像夏就根本不存在"禹"这个人王似的(在禹治完水之后的部分,《厚父》对他根本未着一字)。

春秋时代的叔弓钟铭说成汤是受了天命"处禹之堵"、秦公簋铭说秦先公"受天命,鼏宅禹迹"、《鲁颂·閟宫》说后稷"奄有下土,缵禹之绪",《商颂·长发》说"洪水芒芒,禹敷下土方,外大国是疆,幅陨既长,有娀方将,帝立子生商",各国各代的建立创生都可以被安到禹治水的背景底下,《厚父》明确说"天降下民,设万邦",与此类认识是相合拍的,也就是说在洪水被平治之后，天在下土建立的邦国不是一个，而是许许多多林立的小邦国，它们很可能就是后来追溯"宅禹迹"观念的源头（各朝各国都认为自己源出的先公先王在那时已经建立邦国。不过春秋以后的说法，似乎在这方面的认识与早期有所不同，好像是要到了代受天命之后才在禹迹上活动的，应该是经过了变化）。王树民曾经指出，"上古时期，原为万邦林立的状态，未有中央统一政权"（《曙庵文史续录》，第28页），与此类认识相合。

前面我们曾提到的豳公盨铭文在叙述大禹奉天命治水成功之后有"生我王"一句，这个"王"乃指夏王的可能性虽不能说完全不存在，但实际上并没有确凿的证据证明这一点，且通篇铭文是豳公用禹治水传说为教材，导民用德，并不能看出与夏王有任何的关联，我很怀疑所谓的"生我王"的"王"实即豳公对其立国之初的"豳王"（青铜器铭文中三见"豳王"之称）的指称，在"豳"这个曾经称王的异姓小国的历史观念中，也同样把自己建立国家的历史上溯到禹治水之时，与秦、齐、鲁这些大国并无不同。在《厚父》的著作时代，似乎还只把"夏邦"作为天所建设的"万邦"之一而已（前面提到"夏"或许有酋邦的性质，与此正可以合观），各邦各族在早期的观念中应当是比较平等的，他们都是在"禹迹"上活动的主人公。如上述分析是有道理的，那么似乎可以更加明显地发现，从比较早的传说看，夏代之建立与禹本人没有直接关系，禹、启也没有直接关系，启才是夏的真正开国君主。傅斯年《诗经讲义稿》说"'启'之一词，已经等于始祖"，这是对的。启才是上天为夏邦作的"君"、"师"，所以才会派皋繇（陶）下为启的卿事，为其辅佐。

《清华大学藏战国竹简（柒）·子犯子余》记重耳问蹇叔如何"起邦"（兴起国家）如何"亡邦"，蹇叔回答："如欲起邦，则大甲与盘庚、文王、武王，如欲亡邦，则桀及受、厉王、幽王"。"起邦"之君独独不举夏代开国君主，或许也是实在并无可以与商周贤君相似的人物（按照早期的说法例如《厚父》里所说，启的经德少，谈不上贤君），而禹大概又并未被视作夏代首王的缘故。这也是一个旁证。

因此在上古的传说当中，禹是受天帝命下到人间平治水土的一个神，某种程度上接近于创世神的意味，他所平治的"禹迹"是建立万邦的舞台，虽非开天辟地的创始者，但确有创世的意味，他也是时间、历史开始的标志。这种身份的禹，跟后来成为夏代始祖的禹，是很不一样的。这种变化是神话模式历史化、理性化的一个结果。夏的始祖之变成禹，与夏的王朝国家性质的历史构建的关联，还有待研究。

当"夏"在观念上成为中国历史上开端王朝之后，"夏"字逐渐引申出两重文化意义。

一个是正统、雅正、大的意思。古书所说"诸夏""华夏""中夏"的"夏"，是与蛮夷戎狄所对立的、接受了先进文化的夏所代表的中原正统的象征，因此"夏"就有了"雅正""大"的意思，《诗经》的《雅》，本来就写成"夏"，例如上海博物馆藏竹简《孔子诗论》有"《大夏

（雅）》，盛德也"的评论（上页图）。战国竹简凡提到《大雅》《小雅》的"雅"字，都是写作"夏"，古书里也有"雅"通"夏"的例子。"雅"过去有个"疋"的写法（《说文》"疋"字下"古文以为大疋字"），与"疏"的声旁"疋"同形，其实就是截取了右图《孔子诗论》所见的这类"夏"字左半的日加止形而变来的。所以"雅言"就是"夏言"，是正统规范的标准语言，"《尔雅》"就是近于（"尔"通"迩"）雅正的意思。在这个意义上，"雅"其实是个假借字（"雅"字从"隹"，是鸦的异体字）。

第二个则是相对于中国、内国而言的，意义比较狭窄的"夏"。前面提到"夏"有大的意义，见于季札观乐时对秦乐的评价，大家都熟悉这段话：

> 为之歌《秦》，曰："此之谓夏声。夫能夏则大，大之至乎，其周之旧也。"（《左传》襄公二十九年）

西晋的杜预注《左传》此句云："秦仲始有车马礼乐，去戎狄之音而有诸夏之声，故谓之夏声。及襄公佐周平王迁而受其故地，故曰周之旧也。"秦继承了宗周故地，所以文化上远离了戎狄，进入诸夏的圈子，杜预认为因此而称《秦》为"夏声"。他理解的"夏"当然还是正统、华夏的意思。但是，我们看到秦人所说的"夏"其实是跟少数民族、"蛮"联系在一起的：

> 保乂厥秦，虩事（司）蛮夏。（秦公簋、秦公镈）
> 肇抚蛮夏，即事于秦，即服……（秦景公石磬）
> "臣邦人不安其主长而欲去夏者，勿许。"可（何）谓"夏"？欲去秦属是谓"[去]（按去字原脱）夏"。
> "真臣邦君公有罪，致耐罪以上，令赎。"可（何）谓"真"？臣邦父母产子及产它邦而是谓"真"。·可（何）谓"夏子"？·臣邦父、秦母谓殹（也）。（《睡虎地秦简·法律答问》）

"虩事蛮夏"的"事"当从张政烺《"十又二公"及其相关问题》读为"司"，即管制的意思，秦公簋、镈的话，跟收藏在保利艺术博物馆的晋国戎生编钟铭文"逋（聿）司蛮戎"接近（秦晋文化、族属接近，春秋以前关系极为密切，铭文文辞的近似也可反映这一点），这里的"蛮"也好，"蛮戎"也好，都应该指的是少数族中的戎人（参李学勤《戎生编钟论释》，《文物》1999年9期）；而所谓的"夏"，不是华夏，秦的势力、野心当时还不能触及中原华夏，张政烺指出实是指"晋"（《左传》说晋国"封于夏墟，启以夏政"可证），这是后来的"春秋"家"内其国而外诸夏，内诸夏而外夷狄"观念的开端，秦自认为是内国，把晋视为诸夏，此外则更有蛮戎。所以到了战国时代，秦人就把臣属于秦的周边邦国称为"夏"，臣属邦国男子与秦女所生的，称为"夏子"。季札观乐称《秦》为"夏声"，对其他中原华夏地区的正统音乐反倒不这么评价，故杨伯峻把"夏"解释为"西方"。这种解释虽然不是没有道理（裘锡圭《"东夏"解》也对夏有"西"义有详细论证，清华简《尹诰》即《礼记·缁衣》所引《尹吉》有"西邑夏"的说法），但是傅斯年《诗经讲义稿》早就指出，《周颂》里两次出现"时夏"：

> 我求懿德，肆于时夏，允王保之。（《时迈》）
>
> 无此疆尔界，陈常于时夏。（《思文》）

他认为这里的"夏"其实也并非周人自称，而是周人对希望与他们和谐共处的被征服的中原旧邦的一种称呼。颜世安还为傅斯年补充了一证，即《国语·周语上》周穆王将征犬戎，祭公谋父引"周文公之颂"（即《时迈》）来劝谏，说明戢兵的重要性，这正说明此"夏"就是指臣服周朝的国家的意思，"夏"不是周人独用的名号（《华夏族群形成的重要阶段：西周初年的"夏"》，《江海学刊》2004年2期）。这种"夏"的观念，也是与中国、京师、内国的意思对立的，可以跟前面所引秦人所说的"夏"的含义合观。

总之，"夏"在西周以后成为一个文化和政治上的语词，说得大一点，就是华夏正统，说得狭一点则是与王朝、中国相对立的诸夏国家和臣服邦国。古书和出土文字资料将"东"（东方诸侯）和"夏"（王朝或中原国家附近的臣服邦国）并列，泛指四方，也就可以理解了。

肆

天

至高无上的「天」与「天子」

姑且不去谈中国人有没有宗教信仰，至少我们的古人对"天"有一种相当持久的崇拜。

作为自然存在的茫茫上天，浩渺无形，很难为"天"这个词来造字，所以古人想了其他的办法。《说文解字》"天"字下说：

　　天，颠也，至高无上。从一、大。

"颠"字下说：

颠，顶也。从页、真声。

颠，就是头顶（古代从"页"旁的字大多与头有关），《说文》训释"天"字是用了与它"同部叠韵"的"颠"字来训释，据清人钱坫《说文解字斠诠》的研究，《说文》的这条训解，本自纬书《春秋说题辞》："天之为言颠也，居高理下为人经纬，故其字一大以镇之"（此据清人赵在翰辑本）。清代语言文字学大师段玉裁的《说文解字注》在"天"字下说：

> 凡"门，闻也""户，护也""尾，微也""发，拔也"皆此例。凡言"元，始也""天，颠也""丕，大也""吏，治人者也"皆于六书为转注而微有差别。"元""始"可互言之，"天""颠"不可倒言之，盖求义则转移皆是，举物则定名难假，然其为训诂则一也。颠者，人之顶也，以为凡高之称。始者，女之初也，以为凡起之称。然则天亦可为凡颠之称，臣于君，子于父，妻于夫，民于食皆曰天是也。至

高无上，是其大无有二也，故从一大，于六书为会意。

段氏的意思是，"元""始"作为开端起始义，两个字是可以互相解释的，但是"天"和"颠"就不具备这样的关系，因为他认为"颠"是人的头顶，引申来表示高的意思，但"天"是至高无上的天，两者的语义不是等价的。清代古文经学的殿军章炳麟（太炎）在《小学答问》中回答"《说文》'天，颠也'，《易》曰'其人天且劓'，马融曰：'黥凿其额（引按，即额字）曰天。'不解凿额何以俪（引按，即称字）天"的问题说：

> 天即颠尔，颠为顶，亦为额。《释畜》："駋颡，白颠"。《周南》"麟之定"传曰："定，题也。"一本题作颠。（颠、顶、定、题，古皆双声。陆［德明］以颠为误，非也。）明题、颡得称颠矣。去耳曰刵，去鼻曰劓，去而曰耏，去涿曰歜，皆从其声类造文。去髌直曰髌，凿颠直曰颠，不造它文，直由本义引

四 天

而申之。又《刑法志》说秦刑有"凿颠",《山海经》说兽名有"刑天",刑天无首,盖被凿颠之刑,彼颠则指顶尔。

章氏从古文献中的用例,证明"天"字就有头顶的意思,甚至凿额之刑也叫作"天"。这就说明,《说文》所谓"天,颠也"的"颠",并不是段所谓"天亦可为凡颠之称"(即天表示"最高的"之义),而就是取颠的本义头顶来作解的。对于这一点,王国维《释天》从古文字学上作了论证:

> 是天本谓人颠顶,故象人形。卜辞、盂鼎之 ✶ ✶ 二字所以独坟其首者,正特著其所象之处也。殷虚卜辞及齐侯壶又作 天,则别以一画记其所象之处。古文字多有如此者。……(引按,此处举上、下、本、末、朱、刃、亦、帝、不等字加横画表示所指事物的位置,从略)天字于 天 上加一,正以

识其在人之首，与上诸字同例，此盖六书中之指事也。……故 🙂 🙂 为象形字，🙂 为指事字，篆文之从一大者为会意字。文字因其作法之不同，而所属之六书亦异。

王国维的说法基本正确，只有一点略可修正。王氏仍旧信从说文把篆文"天"分析成从"一""大"会意，而没有考虑篆文实是从甲骨金文字形一路线条化下来的结果。金文中已有"天"字头部把所谓"圦首"（即大头）简化为一横的，这跟篆文并无不同，王氏将二者割裂开来，还是《说文》的权威太过强大的缘故（如套用前引段玉裁注释中的话，当时的小学是以《说文》为"天"的）。至于 🙂 上面的短横，是不是如王国维所说是指示头顶的符号，目前一般认为跟"帝""不"这些字一样，其顶上增加一笔实际上是没有特别意义的装饰性笔划，此类情况在古文字中甚常见，不同的是"帝"字后来承袭了带这一横的写法（头一点来自于这笔），而"天""不"加横的写法却没有被继承下来。但是王氏意见的合理性仍然不是不存在，因为原来用填实的圆圈或空心方块形来表示人颠顶形，这是随体诘屈的象形手段，汉字线条化之后，头部之形不显，所以在头部位置加一笔以示意（表示头顶的位置），也是合理的，甲骨有不少 🔲 形的"天"（李宗焜《甲骨文字编》，63 页），或许正是 🔲 这类写法的来源。

"天"即"颠"是人的最高之处，所以"颠"就有最高处、顶端的意思，例如有"山颠（后来也写作'巅'）""杪颠""标颠"等词。人所能想象的世间最高处，相当于人头顶位置的，当然就是至高无上的"天"。因此作为人头顶的"天"和上天之"天"，虽然写的是同一个字，但实际上这是两个有同源关系的词。就这样，古人为一个无形可象、极为抽象的词，找到了它的书写形式。

与正面站立、突出大头的人形"天"字近似，还有一个字，也是象人身及人头形的，那就是"元"字。《说文》：

> 元，始也，从一，从兀。

甲骨文和金文比较象形的"元"字写作：

跟"天"字一样，都画出"坟首"形，只不过甲骨契刻较难，把实心圆圈改刻成了空心方块。再经简化就成了：

按照王国维的意见，上面有一短横的是指示头部的符号，而写成"兀"形的，参照前举"天"字就是头部线条化的结果。有意思的是，这两个写法后来分化成"元""兀"二字，都被保存了下来，跟"天"字异体后来的命

运不同。"元"的本义,并不是《说文》说的"始",《尔雅·释诂下》"元,首也",才是它的本义。在古文献里面也保存了两条"元"字用作本义的证据:

[先轸]免胄入狄师,死焉。狄人归其元,面如生。(《左传》僖公三十三年)

志士不忘在沟壑,勇士不忘丧其元。(《孟子·滕文公下》)

这两个"元"都是人首、头颅的意思("丧其元"相当于说"抛头颅")。尽管如此,"元"和"天"的语义仍有很大区别,"天"是强调颠顶,强调其高高在上,而"元"则是强调头是人开始的部分,这除了在"元始""元年"等这些复合词的语义中可以得到证明外,有人说,人区别于动物的地方是顺产时头颅先出产道,而其他哺乳动物则不一定如此,这是人类演化的结果,所以"元"有"始"义是可以理解的。当然,"元"后来也引申有"首要、第一""大""善"这一类意思,这是大家熟悉的。

"天""元"两字，许慎都分析为顶上是个"一"，所以归在五百四十部首的第一部"一"当中，但实际上今天知道这两个字在文字学上跟"一"毫无关系，把它们分析成从"一"，更大的可能在于思想上的意图而非文字上的意义。应该说，从这两个字中都可以或多或少窥见中国古人的正统意识、对权力及信仰的看法，所以把它们列在统领五百四十部的第一部，也包含了许慎作为经学家的考虑。

五帝时代可信度较低，其中可靠性稍高一些的尧舜事迹也多为后来传说，这些传说时代的"天"的信仰如何，文献资料尚不足以讨论。关于夏代，前面已经说过，也并没有可靠的共时性史料，当时人究竟对待"天"的态度如何也十分难于稽考；但是我们看到了一些经过西周人手记录下的，有关夏代的或者是跟禹有关的材料，虽当不得夏代的信史看，却能借此观察西周人如何看待"天"的问题。两件材料一是豳公盨铭文，二是清华简《厚父》。

豳公盨铭所记内容虽不与夏代直接相关，毕竟提到了禹受天之命到下界平治水土，然后上天降下民众，生出与天相配的邦君治理下民等等。顾颉刚、童书业两位曾认为，鲧、禹的治水结果不同，在早期传说中并非由于所用堵、疏方法的不同，而是有没有得到天命的不同所致，裘锡圭指出豳公盨铭记录禹在治水时也用了"堕山"之法以堙塞洪水，即可证明顾、童立说之确。因此"天"之命，不但是人王能统治邦国的权力来源，也是禹这一类介于神人之间的人物能够成功行事的关键，"天"的至高无上性由此可见。

《厚父》是一篇西周人根据传说写定的，以某位夏王与其大臣厚父对话的《尚书》类文献，按照传统对《尚书》的分类，当在《夏书》的范畴。这篇佚《书》中，除了残缺部分不可确知之外，提到"天"的地方十二次，其中有两次是出现在"天子"一词中，一次则是见于"天命"中；同时，《厚父》两次提及"上帝"（有一次说"皇天上帝"，这个称呼也见于《尚书·召诰》及《逸周书·程寤》的佚文，但清华简《程寤》作"皇上帝"），两次提及"帝"（其中一次是"帝之子"）。上帝、帝，就是天帝的意思。这种既说"天"，又说"帝"或"上帝"的特点，跟《尚书》的《周书》诸篇情况非常类似，可见应出自西周人手笔，实际上并不反映夏人的天帝观。

天帝，与人帝有密切关联，突出人王是来自天帝的直系后代。南宋赵彦卫《云麓漫钞》卷二批评苏辙《古史·商纪》"自夏殷以来，天子杂称帝。至夏去帝号，称王，与殷周为三王"的说法，他说：

> 按《礼记》："措之庙立之主曰帝。"则自商以前，生曰王，立之主曰帝，非是生称帝也。如李唐生曰帝，措之庙曰宗，后人追记前事亦曰某宗，非生称宗也。《虞书》称尧曰："惟帝其难之"亦此类。

《大戴礼记》中也可见"天子""卒葬曰帝"之类说法。郭沫若《先秦天道观之进展》曾经指出，殷代卜辞把至上神称为"帝"也就是上帝，同时也把祖神或氏族神称为帝，死去的先王也可以称"帝"（如古书里记载商代的最后二王称帝乙、帝辛)。裘锡圭进而指出,礼书中的这类讲法并不一定可信,从卜辞看,殷人对死去的王并不一概称帝,而是只对直系先王称帝,这种"帝",实际上是要突出商王是天帝的"嫡系"后代,世系上所谓嫡庶的"嫡",与"帝"在语源上有着密切关联(嫡字的声旁就是啻,也从帝声)。在需要区分的时候,把天帝称为"上帝",已经去世、上宾于帝所的人王,称为"下帝"(例如西周邢侯簋铭有"克奔走上下帝")。

因此我们再去看《厚父》的记载,就会有很有意思的发现。前面已经提到过,在《厚父》当中,禹并不是夏的始君,从文义看,启才是由天帝直接派到下界来建立夏,作民君、师的,所以禹、启之间并不存在父子关系,启也应是上帝之子。赵平安曾经指出,《厚父》所记皋陶的活动时代在启之时,与一般古书所记皋陶活动于舜禹时代、卒于禹时不合,这是对的,究其实质,这种差异的根源正在于皋陶辅佐的第一位夏代君主是谁的不同。对于《厚父》篇而言,既然禹只是奉天命治水的,那么作为卿事负责制刑司法的、有德的皋陶自然不会与之发生什么联系了。《山海经·大荒西经》《楚辞·天问》有启上宾天帝而得《九辩》《九歌》的说法，《山海经》郭璞注引《归藏郑母经》有"夏后启筮御飞龙登于天，吉"的说法，童书业《夏史三论》据此指出启是一个具有神性的人物（《童书业史籍考证论集》，第216页），非常正确。启的神性应当来自他本就是上帝之子，是被天帝派到下土作为夏代君后的，在这类传说里，应该也不存在禹、启的父子关系。顾颉刚、童书业还曾指出，与"禹生于石"相类，古代也有所谓"启生于石"的记载（见于《随巢子》，参看顾颉刚、童书业《鲧禹的传说》），这种记载有"禹曰'归我子'，石破北方而生启"的说法，神话性相当明显，与后来所记娶涂山女、女憍生启的记载迥然不同，可能是比较早的一种原始传说。

西周王朝建立以后，在思想信仰上进行了革新创造，一方面继承了殷人的"上帝"观，另一方面则引入了"天"的概念，原来的父王死后才称"帝"，西周时活着的王，则有了一个新的身份——天子。这在《尚书·召诰》里面有很明确的表述：

> 皇天上帝改厥元子，兹大国殷之命，惟王受命，无疆惟休，亦无疆惟恤。……有王虽小，元子哉。

"元子"是嫡长子的意思。召公所说的意思是，周王是天帝的嫡长子，上帝是更改了其所立的嫡长子，殷所受之天命就集于周王（《多士》篇记周公所谓"殷革夏命"类似），取得统治的合法性。人，从生物学上而言，都有其生身父母，包括夏商周的王在内，都是这样。为什么王能够自称是天之子呢？这就要依靠"神道设教"。《说文解字·女部》"姓"字下：

> 姓，人所生也。古之神圣母感天而生子，故曰天子。

大概正是周人创立了一套感生理论，来解释人王为天子的问题。这种先妣感天而生始祖的说法，在古书里面常见，在近年发表的上海博物馆藏战国竹书《子羔》篇所记孔子与子羔对话中体现得最为集中，且可与古书中的相关内容互相印证：

> 子羔问于孔子曰："三王者之作也，皆人子也而其父贱而不足称也与？抑亦诚天子也与？"孔子曰："善，而问之也。久矣，其莫［……禹之母，有莘氏之］女也。观于伊而得之，怀三年而画于背而生，生而能言，是禹也。卨之母，有娀氏之女也。游于央台之上，有燕衔卵而措诸其前。取而吞之，怀三年而画于膺，生乃呼曰'钦（金？）'，是卨也。后稷之母，有邰氏之女也。游于玄宫之内，冬见荚，搴而荐之，乃见人武，履以忻，祷曰：'帝之武，尚使……'是后稷［之母］也。三王者之作也如是。"……孔子曰："舜其可谓受命之民矣。舜，人子也，而三天子事之。"

这段对话，不知是不是孔子和子羔对话的实录，但此篇著作于春秋时代或战国早期的可能性仍然存在。这时的

四 天

禹，已经从受天命下降治水的神，变成了夏代的始祖，取代了启原有的位置。夏、商、周三代的始祖，都是先妣在游观之时，或直接感生，或因接触到、吃到与上帝有关的东西而生下的。

从神话的形态上看，这些无父而生的讲法是非常原始的。在先民未彻底明了生育原理之时，或者是处于《庄子·盗跖》所说"神农之世，……民知其母，不知其父"的状态时，"由于生产和科学水平的限制，初民并不认为怀孕都是性交的结果。……他们认为儿女之孕育，氏族之蕃庶，基本上决定于氏族祖先（从图腾到自然—祖先神）的意志和行为。"（萧兵《中国文化的精英——太阳英雄神话比较研究》，213页。）现在很多父母在应对小孩从何处而来的问题，往往还拿"石头里蹦出来的""别人送到家里来的""向老天爷祈祷，然后你的肚子里就会有小宝宝"一类非理性的话应对，也可以类比。所以，这类传说很可能就是一种自然出现的非理性解释，本来可能未必就是为了"神道设教"而专门编造的，但是到了周人的理论当中，这颇原始的神话就被利用来安放在体现统治合法性的"改厥元子"的理论框架中，来解释人王为何是"天子"的问题。在东周以后，理性思潮逐步兴起，子羔对这类无父感生的神话不能接受，也不愿意相信当时已经出现的三代先王之父皆卑贱无足称道之说，所以才请求孔子作答。

冯友兰曾指出，春秋以后传统天命思想已日趋没落，但是天命思想在孔子思想中仍有地位（参《中国哲学史新编》）。孔子虽然仍是一个比较传统的人，但毕竟时代的变化在他思想中也产生了印痕。很多学者指出，在东周以后，"天命"所归在由王权、集体向个体进行转化，这可能跟"天"的道德法则化有一定关系（参看邬可晶待刊稿《孔子与天命》的综述）。所以孔子虽然不否定三代先王的感生神话，承认禹、离、后稷是"天子"（也就是天之子），但是他更重视并无天子身份的舜。舜是有虞氏乐正瞽叟之子，是人子，但因为他有足够的德行，使得尧从畎亩之中将他擢拔出来，成为人君，并有三位天子——禹、离、后稷来事奉辅佐他。这就是《子羔》所谓的"受命之民"，这里的"命"也是天命，民也可以代受天命，这相比西周时代，确实是发生了巨大的变化，尤其是"天"的权威发生了变化（参看邬可晶待刊稿《孔子与天命》）。当时，周王朝的统治已经逐渐没落，周天子实际上已经失去了天下共主的地位，最多只是一个传统的象征而已，特别是战国以后，谁能取而代之结束国家间的纷争、一统天下，已经是一个呼之欲出、甚至不得不直面的话题，禅让学说也正是在那时达到鼎盛的。

"帝"用作在世人王的称呼，是战国以后的事情。秦、齐两国在公元前228年称西帝、东帝，后来又恢复称王，说明当时称帝是不正常、不被普遍认可的事情，因为整个先秦时代，"帝"主要还是用以指称神帝和已变作神的先王先君。赵政自以为德兼三皇、五帝而并以为号，使得"皇帝"成为中国两千余年王朝最高统治者的称号，与本来表示皇天上帝义的"皇帝"不是一回事，这是后话。

在先秦古书里，常常可以看到作为祭祀对象的"上帝"，东汉时代的经学大师郑玄认为，礼书所谓"上帝"

有多种含义，可以指地位最尊的昊天上帝（玄天），也可以指五帝（太皞、少皞、黄帝、炎帝、颛顼），也可以专指周所郊祀之帝。《周礼》多见"兆五帝于四郊""祀五帝"等，古人一般认为是苍、赤、黄、白、黑五方帝。这类五方、五色与五帝相配的观念，过去一般认为是战国以后出现的，但现在看起来可能还有更早一些的来源，并不是所谓"五霸、七雄在天国里的反映"（周良霄《皇帝与皇权》，23页）。比方清华简《系年》就说西周时代武王藉田，是要祭祀"土帝、天神"，这个土帝就是五方帝中的中央黄帝，这跟周人所认的始祖有密切关系。周武王以帝籍祭祀的土帝天神，跟史书记载秦国从春秋早期到战国中叶陆续祭祀白、青、黄、炎四帝的情况，非常类似。当然，《系年》不是西周的作品，其实只反映春秋战国以后"帝"的观念。

周良霄在《皇帝与皇权》一书中说：

> 商人的帝，周人的天，都是殷王、周王经过神化后曲折而抽象的折光。古人创造了这样一个"颠倒

了的世界",便就是我们上面所说的神道。他们对它的实质自然不可能理解,因而是不知其所以然、莫名其妙的。但这种莫名其妙的东西所具有的特殊的政治与社会职能,即其在补充与强化统治者权力方面的实际作用,却又是显而易见的。所以古人很早就说过:"圣人以神道设教,而天下服。"(《周易正义》卷三)

这一套神道设教的思想,经过自然发展演变以及儒生们后来的整理系统化,对中国历代王朝证明及保持其合法性的手段而言,其影响是深入而持久的。

（伍）

儒

商代有儒吗?

儒家，所有人都知道是由春秋晚期的孔子创立的一个学派。经历秦始皇焚书坑儒、打击儒家学说之后，儒生的地位曾经一蹶不振，在汉初政治的宽松氛围下，儒生又逐渐开始活跃，儒家这套东西的重要性，在汉朝稳定之后需要建立政治秩序的背景下逐渐被放大提升。

《史记·叔孙通传》记载叔孙通原本是秦二世的博士，楚汉之际曾几次改换投靠的对象，最终投降汉高祖刘邦。刘邦那一拨流氓无赖起家的人，在并兼天下之后，全不知礼仪，朝堂一派乱象，高祖对此很不满意，而叔孙通察言观色，看出了刘邦内心的想法，便有了这样一段对话：

> 叔孙通知上益厌之也，说上曰："夫儒者难与进取，可与守成。臣愿征鲁诸生，与臣弟子共起朝仪。"高帝曰："得无难乎？"叔孙通曰："五帝异乐，三王不同礼。礼者，因时世人情为之节文者也。故夏、殷、周之礼所因损益可知者，谓不相复也。臣愿颇采古礼与秦仪杂就之。"上曰："可试为之，令易知，度吾所能行为之。"

当时有几个鲁国儒生批评叔孙通，说你投靠了那么多人，都是拍马屁趋炎附势得以亲贵，现在汉朝初定，死伤将士尚未安抚安葬，你就要劳民伤财搞礼乐朝仪这套东西，我们不会跟你一起去做这种不合古义的事情。叔孙通则骂他们是"不知时变"的"鄙儒"。叔孙通这种儒生，是投机趋附政治、捞取名利地位的典型。对于文化不多，急需一套新的礼仪制度的国君而言，这样的儒生能轻易腾达就不难理解了。而且儒家的那套制度，也没有一贯的成例，都是因事因时因地因人制宜的，刘邦没有文化，自然不能用儒家繁琐的古礼，要在各得其所求、欺上骗下耳。司马迁描述的，应该就是历史上大多数"小人儒"（关于"小人儒"参看下文）的真实面目。到了汉景帝时，《诗》学博士辕固生即已敢于在喜好黄老之术的窦太后面前直斥《老子》书为"家人言"（即童仆奴隶下贱人的说话），窦太后一气之下竟将他扔到猪圈里，使与野猪搏斗。文景之时，黄老学派的影响还不小（汉文帝时下葬的马王堆三号汉墓中就出土了《黄帝书》《老子》，是当时的流行读物），但儒者的傲慢不可一世却已可见一斑。在汉武帝独尊儒术之后，儒学更成为中华帝国的官方理论，随后儒家在更广的层面上发挥政治影响、施展其抱负了。

《说文解字·人部》：

儒，柔也。术士之称。从人，需声。

这是许慎对"儒"的描述及定义。儒得到"术士"之称，可以找到汉代文献的许多例证,如《史记·淮南衡山列传》:"昔秦绝圣人之道,杀术士,燔《诗》《书》,弃礼义,尚诈力,任刑罚,转负海之粟致之西河。"王符《潜夫论·贤难》:"故德薄者,恶闻美行;政乱者,恶闻治言。此亡秦之所以诛偶语而坑术士也。"为什么"儒"在两汉被称"术士"?从"术"的含义上来寻找的话,可以选择的取向很多。比如段玉裁是把它理解为本义"道",即《周礼》所谓"儒以道得民"的"道",儒就是"乡里教以道艺"的"师儒"(《说文解字注》)。但"术"也有技艺、方术、策略、方法及手段这一类意思,"术士"似乎也可包含善讲阴阳灾异的人,包含了善于占星、卜筮的人,包含了为帝王贡献计策谋略的人,这些身份似乎多少都跟我们所知的儒有一些关联。阎步克认为:

> 儒者的产生与古代司礼司乐者相关,而古之礼乐多关涉于"事神人之事",故学人谓"儒"名义通于"术士"。董仲舒对"土龙致雨"之类,仍是津津乐道。汉代儒术之与阴阳方术之混溶,也在于他们之

间原有"藕断丝连"之处。……汉儒……阴阳五行、天人感应、灾异谶纬那一套，与鬼神淫祀也并不是就能截然划开界限的。我们看到，儒术因其来源而天然地蕴藏着非理性的因素。（《王莽变法与中国文化的乌托邦精神》，《中国文化》1994年10期）

阎步克强调的儒之"术"偏重于礼乐，而礼乐往往于事鬼神相关，所以其中包含一套非理性的成分。《汉书·夏侯胜传》记汉宣帝诏："曩者地震北海、琅邪，坏祖宗庙，朕甚惧焉。其与列侯、中二千石博问术士，有以应变，补朕之阙，毋有所讳"，东汉徐干《中论》："（王）莽之为人也，内实奸邪，外慕古义，亦聘求名儒，徵命术士"，这类"术士"就是与所谓"阴阳五行、天人感应、灾异谶纬"密切相关的。但是从汉人的这些表述中看，术士与儒虽有联系，但似乎也对文相别，大概不完全是两个等同的概念。许慎等用"术士"一词指称儒，可能也是一种笼统的讲法，而非严格的定义，所以章太炎有所谓术士之儒为"达名"（即大概念）的说法（详下)。我们恐怕还得从"儒"的原始形态去追究它与阴阳方术之士的联系与区别的根源为何。

"儒"是不是在孔子之后才开始出现的一种身份？在西周时代甚至更早，有没有"儒"？这对讨论儒家、儒学的渊源以及儒的本质，是一个非常重要的问题，也是一个老问题，争论曾经相当激烈。本节不可能对如此大的问题做非常深入细致的探讨，好在前人有过比较详细的梳理，可简单介绍一二。关于"儒"的讨论，可能有四位学者的研究仍值得今天的人参考，即章太炎的《原儒》，胡适的《说儒》，郭沫若的《驳〈说儒〉》和徐中舒的《甲骨文中所见的儒》，这四篇文章紧密呼应，环环相扣，依次多有补正进益，构成二十世纪学术史上一道难得的风景。

章太炎的贡献在于，第一次按照内涵的大小对"儒"进行了分类，提出这个词有广狭三种不同的用法。他认为，涵盖最大的"儒"的概念，是所谓"术士"之儒，儒得名于"需"，"需者，云上于天，而儒亦知天文，识旱潦"，所以古代的儒知晓天文占候，因多技而被称为术士，也就是所有有术者都包括在内。其次则是知礼乐射御书数六艺，以六艺教民的儒。最后缩小到最狭义的儒，亦即《七略》"儒家者流，盖出于司徒之官，助人君顺阴阳明教化者也。游文于六经之中，留意于仁义之际，祖述尧舜，宪章文武，宗师仲尼，以重其言，于道为最高"这类"专为师氏之守"的"儒"，也就是我们所习知的以孔子为宗师的儒家之儒。他指出"儒"和"道"一样，本来都有比较泛的用法，后来则概念缩小为某一家派的词语。

　　章太炎的这篇文章，得到了胡适的充分肯定，胡适并从儒的本来的身份切入，论证儒是殷民族的礼教的教士，他们在很困难的政治状态之下，继续保存着殷人的宗教典礼，继续穿戴着殷人的衣冠，他们在六七百年中渐渐变成了绝大多数人民的教师。他们的职业仍然是治丧、相礼、教学，但他们的礼教已渐渐行到统治阶级里。虽然丧礼是他们的本行，乐舞是他们的长技，教学是他们的职业，但同时也兼做着为乡人打鬼，为国君求雨等等这些事情。

郭沫若则对胡适的意见进行了批驳。他反对胡适认为儒本是殷民族奴性的宗教，到了孔子这位圣人将它改变成刚毅进取的儒的看法。郭氏认为殷人确实是中国文化的源头，但在被周人灭国之后，殷人已成为周人统治下的奴隶，西周奴隶制崩溃之后，贵族在春秋时代发生分化，许多旧贵族（例如天官六大的大宰、大宗、大史、大祝、大士、大卜等）逐渐式微，这些人就是"儒"的来源，因为鲁国保存传统文化较完整，所以"儒"最早发生于邹鲁之地，是"邹鲁缙绅先生"的专号，其中除了旧贵族没落的人之外，还有庶民阶层上升的人。

徐中舒在胡厚宣的提示帮助下，于1975年撰文指出，甲骨文中有一个 ![] 字，亦见于金文作 ![]，他发现此字与传抄古文"儒"字 ![] 所从完全一致，可见应该释为"需"字。此字象沐浴濡身，濡是儒字的本义，古代儒为人相礼，祭祖事神，办丧事，都必须经常斋戒沐浴，所以儒的本义是濡，得名之由就是因为祭祖事神办丧仪相礼而斋戒沐浴。甲骨文中常见"子需"之人，徐中舒认为他就是武丁时的一个著名儒者，且以儒为名。由此可证儒这种职业在殷商时代就已存在。徐氏的文章，虽然没有提及影响巨大的郭沫若的《驳〈说儒〉》，但事实上他的结论隐含了对郭说的驳斥，反而为胡适的意见寻到了古文字资料的证据。

这几位前辈学者对"儒"的本义、起源、分类和演变源流等作了深刻的讨论，然而就目前而论，我们可能还没有很确凿的证据证实儒这种身份与殷人有特殊的联系，但似乎也不是没有一些可以捕捉分析的痕迹。

儒作为一种学派，没有问题是孔子以后逐步建立起来的，但是此前早应有儒这样一种人，比如《论语·雍也》：

子谓子夏曰："女为君子儒，无为小人儒。"

这是除了《礼记·儒行》所记孔子与鲁哀公的对话之外，孔子口中唯一一次谈及"儒"的场合。在孔子时代，儒的群体已经开始不自觉地分化为或者被划分为不同层次、高下有别的人，很可能并不是只有孔门的人才是儒的创始者。但是，目前从古书也好、出土文字资料当中，却很难为"儒"找到春秋之前的来源，我们甚至还没有从出土的战国竹书（包括儒家作品）中找到一个谈到"儒"的地方（这似乎也是比较奇怪的）。《儒行》篇说：

> 鲁哀公问于孔子曰："夫子之服，其儒服与？"孔子对曰："丘少居鲁，衣逢掖之衣。长居宋，冠章甫之冠。丘闻之也：'君子之学也博，其服也乡。'丘不知儒服。"哀公曰："敢问儒行。"孔子对曰："遽数之不能终其物，悉数之，乃留更仆，未可终也。"哀公命席。孔子侍曰：……

孔子明确反对儒服的说法，他并不希望儒者的外在与一般乡人有什么区别，反过来也说明确实当时有些人好以一些不合时宜的奇装异服区别于人的方式来凸显自己儒的身份，因而被当时的贵族嘲笑戏弄甚至刻意异化。孔子说：

> 儒有不陨获于贫贱，不充诎于富贵，不愿君王，不累长上，不闵有司，故曰儒。今众人之命儒也妄常，以儒相诟病。

可见当时社会上对儒有一种比较重的批评和妖魔化，这大概是孔子为什么坚决要子夏做君子儒，而不要做小人儒的出发点。他所谓的君子儒，是在道德上有高尚修养，践行仁义的人，而不是流于表面形式的儒者。

从孔子所描述的"儒"所应该具有的特征："强学待问""衣冠中，动作慎""博学""举贤援能""澡身浴德"等标准来判断，这样的人确实最接近于"师儒"这一类身份。《周礼·大宰》注"儒，诸侯保氏，有六艺以教民者"，孙诒让解释说：

> "师"则泛指四民之有德行材艺，足以教人者而言。上者国学，乡遂州党诸小学，以逮里巷家塾之师，固为师而兼儒；下者如嫔妇有女师，巫医农工

亦皆有师。盖齐民曲艺，咸有传授，则亦各有师弟之分。以贤得民，只谓师贤于弟子耳，奚必德行纯备之贤乎？"儒"则泛指诵说《诗》《书》，通该术艺者而言。若《荀子·儒效》篇所称俗儒、雅儒、大儒，道有大小，而皆足以得民，亦不必皆有圣贤之道也。

《周礼·大司徒》注"师儒乡里教以道艺者"，孙诒让解释说：

> 云"师儒乡里教以道艺者"者，即《大宰》九两之"师以贤得民，儒以道得民"者也。贾疏云："以其乡立庠，州党及遂皆立序，致仕贤者，使教乡间子弟，乡间子弟皆相连合同就师儒，故云连师儒也。"

所谓"师儒"就是因有德行才艺、通《诗》《书》经义可为师而兼儒的人，这种身份的人，上至掌教国子的国学，中至乡遂州党小学，乃至里巷之塾都是存在的，而且很多是退休之后回到乡里教育子弟的贤人耆旧。《周礼》虽然是东周的书，但是其所记录的很多制度性的东西确实有相当早的来源，我们相信这些情况是有渊源而非只反映战国时代的情况的。以此衡量，恐仍以郭沫若对儒的溯源推测最合理，儒应当是从西周时代的师儒这类人演变而来的。但是胡适的儒出自殷人教士说，也不能轻易否定，只不过与其说儒是在血统上继承了殷人教士，还不如说殷人的文化教育制度间接地成就了后来"儒"的出现，像孔子这样作为殷商之后的宋国后代，更在文化上、心理上继受商代的制度，进而发展出一套儒家学说，也就是十分自然的了。

前些年新见的西周荣仲方鼎（下页图），很多学者指出，很可能与西周学制有关：

> 王作荣仲鷹，在十月又二月庚寅，子加荣仲扬瓒一、牲大牢。己巳，荣仲速芮伯、胡侯、子，子锡白金钧，用作父丁肆彝。史。

"廱"字李学勤释"序",谓庠序之序,但字形恐不符,序的声旁是从吕字分化出来的予,与此无关。但此字确实跟一般"宫"字有区别。其所从声旁实与甲骨文雝字声旁一致,疑即辟雍的雍的初文,《诗·大雅·灵台》:"於论鼓钟,於乐辟廱",周王朝为贵族所设大学亦兼有行大射礼的功能,辟通璧,因校址像璧圆之形故称(辟雍在西周麦方尊铭曾出现,写作"璧雍")。汉代称明堂、灵台和辟雍为"三雍",可见"雍"字可用以统称这一类礼仪性建筑。李学勤说:

> 按文献记载,西周学宫继承前代传统,不仅一

处，……《文王世子》还讲到："凡始立学者，必释奠于先圣、先师，及行事必以币。凡释奠者必有合也，有国故则否。"这是说建立学校时有规定的祭祀，并且演奏合乐。鼎铭"王作荣仲序"是始立学，所以荣仲得到的赏赐有乐器和祭牲。到芮伯、胡侯之子入学时，所赐便只有"白金"了。（《文物》2005年9期）

他的释字及理解虽然存在一些问题，但把这一篇铭文解释为与学宫的建立有关是可信的。更重要的是，从铭末族名"史"及作器对象用日名称谓看，多位学者指出这个"荣仲"应与商代薛国有密切关联，是殷人遗民（参何景成《关于〈荣仲方鼎〉的一点看法》，《中国历史文物》2006年6期）。这位殷遗应当是为周人负责太学的师儒类人物，因周王为之建学宫，而得到族长的恩赏。

李学勤还指出在另一件摹刻的西周金文中也有所谓"序"即我们所说的"廱"，即《西清古鉴》著录的执尊

（左图）：

> 乙亥，尹佫（各）于廪，赏执，锡金二、聿（笔）二，执用作父丁尊彝。

尹氏在学宫赏赐这位"执"的物品除了铜块之外，还有两支笔，这正是"执"供职于周人学宫的明证（李学勤《论荣仲方鼎有关的几个问题》，《黄河文明与可持续发展》第1卷第1期）。因为作器对象是父丁也是日名，可以推测他应该也是一位殷人后代。李学勤此文还指出，商代晚期的卜辞里，也有"天邑商公序""天邑商皿序"的记录（《甲骨文合集》36542＋36543），按照我们的看法，"天邑商公雍""天邑商皿雍"，或许就是商代的礼仪性建筑。周人的制度显然直接承袭商末的制度而来。

殷遗民投靠周朝而担任文化宗教一类职务的，最有名的是微氏家族，此族后来在西周王朝世为史官，史墙盘铭对其先人及周朝先王事功文辞优美典雅的记述历历可见（下图），这是大家都熟悉的。

从现在的资料看，西周的师儒一类人物，有大量是归顺了周朝的殷遗担任的，这无非是因为殷人历史积淀深厚，文化高于周人，周人要利用殷人的"文献"资源，为自己的王朝服务，这为造就周人的礼乐文化提供了巨大的支持（参看下节），并间接地孕育春秋以后"儒"的产生。

徐中舒力图从古文字资料为"儒"溯源的做法，自然十分值得提倡。其所释甲骨"需"字，从传抄古文的一系列字形看，很可能是正确的，该字应当是"濡"的初文（象人濡湿之形，或以为这个字是"浴"的初文，恐缺乏根据）。后来的"需"字，是从雨、而声的一个形声字，也就是甲骨文这个字的后起分化字。值得注意，金文中的 ![字形] 等字，所从的都不是一般"大"形，而是"而"形，与金文的"而"字及"需"字（![字形]）所从相同，都是一个手脚柔软的正面人形，更可见其所具表音的作用（此另详他文）。然而甲骨文的"子濡"，就是一个一般的人名，他应当与武丁时其他以"子某"命名的贵族一样，是王的一个子辈；卜辞所见有关他的内容，徐氏多有误读，其实他并非如徐中舒所说，是负责祭祀祖先、劝侑酒食、接待宾客等等的人，所以也与所谓儒的身份毫无关联（关于这些辞例的讨论，可参熊贤品《甲骨文"殷儒"问题平议》，《孔子研究》2018 年 5 期）。可以肯定地说，商代甲骨文字资料中，目前尚看不见与儒有关的痕迹。

礼 （陆） 制礼作乐

儒家的创始者孔子，非常重视礼乐，这从《论语》所记孔子言论中经常把礼乐对举可以看出来：

子曰："人而不仁，如礼何？人而不仁，如乐何？"（《八佾》）

子曰："兴于诗，立于礼，成于乐。"（《泰伯》）

子曰："先进于礼乐，野人也；后进于礼乐，君子也。如用之，则吾从先进。"（《先进》）

子路问成人。子曰："若臧武仲之知，公绰之不欲，卞庄子之勇，冉求之艺，文之以礼乐，亦可以

为成人矣。"(《宪问》)

子路曰:"卫君待子而为政,子将奚先?"子曰:"必也正名乎!"子路曰:"有是哉,子之迂也!奚其正?"子曰:"野哉由也!君子于其所不知,盖阙如也。名不正,则言不顺;言不顺,则事不成;事不成,则礼乐不兴;礼乐不兴,则刑罚不中;刑罚不中,则民无所措手足。故君子名之必可言也,言之必可行也。君子于其言,无所苟而已矣。"(《子路》)

孔子曰:"天下有道,则礼乐征伐自天子出;天下无道,则礼乐征伐自诸侯出。自诸侯出,盖十世希不失矣;自大夫出,五世希不失矣;陪臣执国命,三世希不失矣。天下有道,则政不在大夫。天下有道,则庶人不议。"(《季氏》)

子曰:"礼云礼云,玉帛云乎哉?乐云乐云,钟鼓云乎哉?"(《阳货》)

前面提到,阎步克认为,儒的产生与古代司礼乐者相关，而礼乐多关涉"事神人之事"，他的这一论断是否正确尚可讨论，但是孔子时代的儒确实是与礼乐有密切关联的。孔子的这一些话，有两句是特别重要的。一句是"礼云礼云，玉帛云乎哉？乐云乐云，钟鼓云乎哉？"钟鼓与乐密切相关，这个容易理解。玉和帛是人世间的贵重物品，布帛更是当时的一般等价物（《诗·大雅·氓》："氓之蚩蚩，抱布贸丝。"），它们实际上蕴含的是"礼"最基本的含义，即礼物之礼，引申有礼节、礼仪等义，而行礼、祭祀这些事情，其实也离不开玉帛的参与。"礼（禮）"字在古文字中本写作"豊"，字形如下：

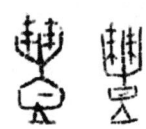

陕西绥德汉画像石的建鼓形

《说文》说"豊"字从"豆"象形,是"行礼之器",从隶书楷书看没问题,但从这些早期的写法看就不正确了。"豊"字的主体是一个"壴"也就是"鼓",古代行礼多需奏乐击鼓,"壴"就是象古代的建鼓之形。(参看上页图)甲骨文里面多有用击鼓方式祭祀先王特别是成汤(大乙)的例子,可见鼓不单是一种乐器,还是祭礼的重要道具,有学者认为动人心魄的砰砰鼓声能"上达帝廷",春秋时如遇日食、大水等灾异,往往也用鼓来向神灵祷祭(林沄《豊豐辨》)。古代的"鼓",鼓面横置,在两侧敲击,上方有华美的羽毛一类东西装饰。"豊"字在建鼓形的上方则是两串"玉"的形状(玉是一片片的玉石,用绳索串起使用),"玉"虽是石的一种,但又是非常特殊的石,古人认为玉是一种含精气多的东西,《国语·楚语下》记观射父的话:"圣王正端冕,以其不违心,帅其群臣精物以临监享祀,无有苛慝于神者,谓之一纯;玉、帛为二精;天、地、民及四时之务为七事。"玉、帛,尤其玉是"精物"之最,所以常常用于祭祀神灵等礼仪场合(裘锡圭《稷下道家精气说的研究》)。林沄认为,

"豊"字就是从玉、从壴（鼓）的一个字，它用了两种在祭祀、礼仪场合用得很普遍的东西来会"礼"的意思。祭祀，某种程度上，就是送厚礼贿赂讨好上帝鬼神，达致自己所希望的目的。孔子的话，从"豊"这个字当中可以得到很明确的印证。孔子虽然明确点出了玉帛、钟鼓与礼乐的关系，不过他的意思却在另一层。《汉书·礼乐志》：

> 乐以治内而为同，礼以修外而为异；同则和亲，异则畏敬；和亲则无怨，畏敬则不争。揖让而天下治者，礼乐之谓也。二者并行，合为一体。敬之意难见，则著之于享献辞受；登降跪拜；和之说难形，则发之于诗歌咏言，钟石筦弦。盖嘉其敬意而不及其财贿，美其欢心而不流其声音。故孔子曰："礼云礼云，玉帛云乎哉？乐云乐云，钟鼓云乎哉？"

乐是大家内心的同一和乐，礼则是体现在外的区别尊卑的制度，所以注解《汉书》的颜师古认为孔子的意思是说，"礼以节人为贵，乐以和人为本，玉帛钟鼓乃其末事",也就是说,孔子应该是针对春秋时代忽视礼乐的本质功能,越级僭等、奢侈铺张的礼乐行为的普遍实际而发出的感叹。孔子一再提醒,需要关注礼乐制度的内核而不是追求外在的表象末节,《论语·八佾》:"林放问礼之本。子曰:'大哉问!礼,与其奢也,宁俭;丧,与其易也,宁戚。'"礼的本就是区别亲疏贵贱,与其大搞外在形式铺张浪费,还不如俭朴为之。齐景公疥疮加疟疾,对鬼神祭祀丰隆,却仍长久不愈,景公本欲听从佞臣杀掉为他祭祷的祝史,晏子告诉景公,祝祷需是有德之君为之,鬼神方能受飨福佑,无道之君祭祝非但无益反而有害,况且如果祝诅有用,也敌不过万民对你无道君主的诅咒,不如修德宽政才是。景公听从晏子的话,不久疾愈(事见《左传》《晏子》和上博简《竞公疟》)。这与孔子思想一脉相承,并表现出进一步人文化的倾向,晏子实已不太相信祝诅所能起到的功用,在他心目中,人本身的因素已经上升到第一位了。

另一句是"先进于礼乐,野人也;后进于礼乐,君子也。如用之,则吾从先进"。此句汉宋以来的学者解释纷纭，应以傅斯年《周东封与殷遗民》的理解最有见地。傅斯年指出周人灭商以后分封诸侯，封鲁公以殷民六族，封康叔于殷虚，"启以商政，疆以周索"，二国皆殷遗民之国，施行殖民地政策。西周人在鲁国，只是少数的统治者，孔子作为宋国人后代，对殷、周二代是一视同仁，没有一味宗周之意，从孔子的各种表述及作为看，他的儒家思想实与殷商有密切关联，意图折中三代损益，继衰周而造四代（孔子所谓"如有用我者，吾其为东周乎"）。尤其是三年丧的制度，在鲁国民间有相当的通行性，被孔子称为"天下之通丧"，其实是殷人遗礼（丁声树指出清人毛奇龄《四书索解》已有类似看法），而不是周人制度，因为《孟子》记滕国卿大夫明白说过滕国国君和宗主国鲁的国君都不实行三年丧。傅斯年认为这里的所谓"先进""后进"就是先到和后到的意思，礼乐是泛指文化，而并不专指前面我们讲的"玉帛钟鼓"，至于相对言的"野人""君子"，用的是本义，即住在乡野的人和在位的卿大夫上等人。他把这段话的意思概括为，先开化的乡下人自然是殷遗，后开化的上等人自然是周宗姓婚姻了。孔子的态度是，如问我何所取，则我是站在先开化的乡下人一边的。总之，傅斯年认为，商的宗教和祖先崇拜，延续到鲁国发展成了儒学。

无独有偶，姜亮夫也有类似见解。他认为，"'先进'指殷之遗民言，'后进'则周之民、宗室之属。自武王、周公定殷平乱、分殷民与三叔后，殷之顽民已散在田野，其实则礼乐之化为贵；周因于殷，其实损益者多。曰先进于礼乐者，乃为野人；后进于礼乐者，乃为城市之大人。礼失而求诸野，故曰乘殷之辂，此孔子思故国之义也。"(《成均楼文录》，《姜亮夫全集》第22卷)《成均楼文录》成文时间不一，此条撰写时间不明。与傅斯年略有差异者在于，姜亮夫没有把殷周的文化、宗教等截然分立，而是指出周与殷之间本来是有损益关系的。我觉得这一判断是比较合理的。傅斯年等人大概因为是否行用三年丧的差别，推而广之地将殷周的其他文化制度内容也视作区分明显的两截，这也许有商讨余地。

我们前面在"儒"字一节中已经说明，"儒"应是从西周时代的师儒这类人演变而来的，而殷人的文化教育制度特别发达,通过西周一代的传承,间接地成就了后来"儒"的出现,这与傅斯年、胡适等人的看法是可相承接的,但是我们也不要走到了另一个极端,好像认为周人在礼乐文化上既没有原来的根底,也没有后续的发展。周初的礼乐制度的建设与改革,是一件至关重要的大事。历史学家杨向奎的《宗周社会与礼乐文明》有这样一段话:

> 没有周公,不会有武王灭殷后的一统天下;没有周公,不会有传世的礼乐文明;没有周公,就没有儒家的历史渊源;没有儒家,中国的传统文明可能是另一种精神状态。

这是把儒家的历史渊源直接导源于周公了。古书里面盛言周公制礼作乐之事:

> 昔殷纣乱天下,脯鬼侯以飨诸侯,是以周公相武王以伐纣。武王崩,成王幼弱,周公践天子之位以

治天下。六年,朝诸侯于明堂,制礼作乐、颁度量而天下大服。七年,致政于成王。(《礼记·明堂位》,相关内容又见于《逸周书·明堂》)

先君周公制周礼曰:则以观德,德以处事,事以度功,功以食民。(《左传》文公十八年)

相传儒家十三经中的《周礼》(本称《周官》)就是周公所作,但现在学者一般认为《周礼》应当是东周作品。郭沫若《先秦天道观之进展》认为周公制礼作乐,是对原始的"礼"进行改造,以"德"代替"礼",概括礼的全过程,发展出了周人独有的敬德思想,德是一种包含了主观修养和外在规范两方面内容的东西,出于神道设教目的的"天""天道"与"德"并用,分别起愚民的作用和用以操持政策的工具,"礼"则是德的规范行为。杨向奎则认为,周公的制礼作乐是从原始物物交换的行为中抽象出礼的新概念,把礼物、礼仪这两部分伦理化、美化,以德充实礼,以诗、乐和舞充实仪。这就是周代礼乐文明的起始。

周公的制作礼乐，不会没有制度和物质方面的依托继承。《书·洛诰》记载：

> 周公曰："王肇称殷礼，祀于新邑，咸秩无文。"

在成周营建时，用的还是殷人礼仪（唐兰《西周青铜器铭文分代史征》认为"称殷礼"是在新邑行殷祭，恐非，此句句意与何尊铭"复称武王礼"类似，殷当即指殷商），按照《尚书大传》"五年营成周""六年制礼作乐"的记载，可知当时周公尚未制作礼乐（金景芳《周公对巩固姬周政权所起的作用》，《古史论集》103页），沿用殷人礼典。当然也许河南一带本是殷商故地（大邑商、中国），所以在新邑的祭祀特用殷礼也未可知。从卜辞及文献看，殷周民族的语言文字，基本上没有本质差别（有人主张殷周二族的语言是两种语言，不可信），占卜手段也十分接近，这说明文化没有本质上的差异。王国维《殷周制度论》明确主张殷灭周兴皆起于制度、殷周制度存在很大区别，他认为周人之兴，是因为在制度上确立宗法嫡庶之制（改殷人之兄终弟及、无嫡庶之别）、立庙数之制（改殷人无远近尊卑的区分，以尊尊亲亲之义立庙制）和确定同姓不婚制几大变革，也就是说，周人是在尊尊、亲亲、长长和男女有别这四纲上，以及分封诸侯等方面作出了创新与变革。但殷周制度之间的差异是否如王国维所说那样大，变革是否那样彻底，学者后来的质疑颇多，有一些看法已经被证明是不正确的。商代后期已经确立了父子相继的制度，与西周并无差别，嫡庶观念、远近尊卑也在商代甲骨文明确可以找到证据，比如对祖先的远近称呼有"高""毓"（界限在曾祖，曾祖以下为"毓"）之别，与周代亲属称谓正可接轨（裘锡圭《论殷墟卜辞"多毓"之"毓"》），《书·高宗肜日》告诫"典祀无丰于昵"，说明存在近者祭祀更丰的实际；商代的"侯""卫""田""牧"等离商都较远的、为商王斥候保卫种田放牧的职官，有一些已经相当于诸侯的性质，在得到王朝承认之后加以分封，与周代分封的诸侯其实性质是一致的（裘锡圭《甲骨卜辞中所见的"田""牧""卫"等职官的研究》），因此也不能说分封制度是周人的首创；至于同姓不婚制度，商代的相关资料太少，但从文献推测，商周两代也可能并无二致（李宗侗《中国古代社会史》，48页）。所以不少礼仪制度在两个朝代之间实际上是存在继承、发展关系的。周公最有可能就是在周初以先周文化及商代文化为基础，折中整齐礼仪制度，创立出一套周人新传统的关键性代表人物。因此单方面强调后来的礼乐文化来自于殷人或来源于周人，可能都是偏颇的，中国古代的礼乐文化一定是在商、周二代物质文明的基础上创建起来的。

"豊"字后来分化出加上"示"旁的形声字"禮"。"示"字按照《说文解字》的分析是从二（上），下面则是三垂——日、月、星，意思是上天以日月星三垂向人显示天意和吉凶。许慎这样解释，是因为古代"示"旁的字，多数都跟祭祀、宗教、神灵、祸福等有关系。这跟当时流行的"观乎天文，以察时变"的思想意识有关，也是一种神道设教的作为。从古文字的写法看，"示"字本应象神主（就是今天的牌位）之形，因为神主象征着已故的先人、君主、诸侯等，在古代祭祀等礼仪场合具有非常重要的意义(比如衅主、迁主),所以就用"示"这个偏旁来表示与宗教、祭祀意义相关的词,许慎说"示,神事也"就是这个意思。"禮"就是一个跟神事有关的字。《说文》解释说:"禮,履也,所以事神致福也。从示、从豊,豊亦声。礼,古文禮。"古文的写法,是先秦即已出现的简化字,被我们今天沿用。用"履"来解释"礼",是训诂学上的所谓"声训",即用一个音同音近的词来为被释词作解。但许慎的这一条解释并非自己的发明,不但《尔雅》当中已经这样解释,一些儒家古书里也有类似的讲法:

子曰:师(按,称呼子张之名),尔以为必铺几筵,升降酌献酬酢,然后谓之礼乎?尔以为必行缀兆,兴羽籥,作钟鼓,然后谓之乐乎?言而履之,礼也。行而乐之,乐也。君子力此二者,以南面而立。(《礼记·仲尼燕居》)

曾子曰:……众之本,教曰孝,其行曰养。养可能也,敬为难。敬可能也,安为难。安可能也,卒为难。父母既没，慎行其身，不遗父母恶名，可谓能终矣。仁者仁此者也，礼者履此者也，义者宜此者也，信者信此者也，强者强此者也。（《礼记·祭义》）

因此这很可能就是孔门相传的、对"礼"的本质的描述。《论语》有"君子博学于文，约之以礼"的话，南宋大儒朱熹有很好的解释，正可移用来作"礼"与"履"的关系的注脚：

> 博学于文则多闻、多见，可以畜德，而于行礼验之。礼也者，履也，言人所可履行之也。礼箸于经曲之大，而慎于视、听、言、动之际。凡人能以所行纳于轨物，而无所违，是之谓约。

人对言行举止的轨范加以践履，这就是礼，因此"礼"不是空文，不是著于礼经的那些教条，而是实实在在需要去实践的东西。甚至孔子认为"礼"还不是仅仅意味着祭享酬酢的仪节，而是要落实到日常言行当中去的一种道德规范，这是他为"礼"赋予了儒家的新的人文意涵。

礼乐制度在孔子的时代，已经逐渐随着社会结构和阶层的变革、随着周室的衰落而遭到破坏，本来的"君臣、朝廷、尊卑、贵贱之序，下及黎庶车舆、衣服、宫室、饮食、嫁娶、丧祭之分，事有宜适，物有节文"的理想状态已不复如初，孔子"禘自既灌而往者，吾不欲观之矣"的感叹，正是因鲁国混乱不合昭穆制度的祭祀而发。《史记·礼书》："周衰，礼废乐坏，大小相逾，管仲之家，兼备三归。循法守正者见侮于世，奢溢僭差者谓之显荣。自子夏，门人之高弟也，犹云'出见纷华盛丽而说，入闻夫子之道而乐，二者心战，未能自决'，而况中庸以下，渐渍于失教，被服于成俗乎？孔子曰'必也正名'，于卫所居不合。仲尼没后，受业之徒沉湮而不举，或适齐、楚，或入河海，岂不痛哉！"子夏是传承儒家典籍、学说的重要人物，列为孔门四科的"文学"之一，但是在乱世浮华和礼乐道统之间，他也感到很难抉择。这真是每个时代的知识人都会碰到的现实问题,如何在内心的道德法则与俗世的滚滚红尘之间取舍?那些传承孔门道学的弟子,很多为生活所迫,逐步流散各地,就好比纣亡前夕,像"大师挚适齐,亚饭干适楚,三饭缭适蔡,四饭缺适秦。鼓方叔入于河,播鼗武入于汉,少师阳、击磬襄,入于海"那样,道不行,乘桴浮海。

在孔子之后的战国,真正进入了古今变革之会的新时代,传统的礼乐制度迅速而全面地崩坏;及至秦焚书愚民,典籍文化遭到更加严酷的厄运。"礼坏乐崩"遂成了汉以后人口中形容这个时代的常语。历史车轮总是向前进的,文化的大规模陵迟,也许会从历史的进步中得到补偿,秦的苛暴之政疲民太甚,汉初转以休养生息为国策,也使得先秦时代的文化有机会得到一些复苏,汉人开启了对先秦时代典籍、典章制度的第一次大规模的整理和研究。

因为一些先天的因素,中国的文化传统极为强大、历史包袱十分厚重,历史上一次次人为的文化破坏以至灭绝,似乎应当让中国人反思,我们如何在批判的态度下尽可能保存传统文化中有价值的东西,而不是以激进式的手段,使得传统总是处于要么被抬到天上、要么被彻底鄙弃断裂的命运轮回中?

柒

法獅鷹的故事

讲完了"礼",再谈谈与它有密切关联的"法"。

古人常常把"礼法"连在一起,指称古代的礼仪规范和法律制度,如:

> 及至文武,各当时而立法,因事而制礼。礼法以时而定,制令各顺其宜,兵甲器备各便其用。(《商君书·更法》)

简而言之,礼是对人应该怎么做的规范,法则主要是对人不当行为的处罚,是对人与社会、人与人之间关系进行调整的一种规范和制度。《大戴礼记·礼察》"礼者，禁于将然之前；而法者，禁于已然之后"，把礼、法的关系讲清楚了。

《说文解字》的"法"字正体写作"灋"：

> 灋，刑也。平之如水，从水。廌，所以触不直者去之，从去。法，今文省。

按照《说文》的意见，写作"法"是一个省体。"灋（法）"义为刑，《书·吕刑》："王享国百年，耄荒，度作刑以诘四方"，"作刑"就是制定刑法，可知许慎的"法"应当专指罚罪的刑法而言。从"水"，是因为平词讼、决狱要像水一样公平不偏，段玉裁引《汉书·张释之传》"廷尉，天下之平也"的话来解释"平之如水"。"廌，所以触不直者去之，从去"一句，涉及古代神兽獬廌的故事，需要略加解释。《说文·廌部》：

> 廌，解廌兽也。似山牛，一角。古者决讼，令触

不直。象形，从豸省。

这种"解廌兽"的名称，在文献中有多种写法，"解"字有后起的形声字"獬"（类似"师子"后来写成"狮子"），也有另造的"觟"字，"廌"字有的地方也写成"豸"或"𧣾"。记载这种动物最早的古代文献，一般认为是汉武帝时司马相如所作的《上林赋》，其中有"弄解豸"一句，但这只是武帝上林苑中珍禽异兽的一种，没有提及与决讼的关系。但大致属于东周墨家著作的《田俅子》（清人指出"田俅"就是见于《韩非子》《吕氏春秋》的"田鸠"）已经记载：

> 尧时有獬廌，缉其毛为帝帐。（孙诒让《墨子间诂》据《白孔六帖》辑本，《太平御览》引文略有不同）

因此这种动物在先秦已有记载，它不但与贤明的帝王一同出现，并且有非常特异的举动，虽然也没有提及决讼之事，仍然十分值得注意。《淮南子·主术》：

> 楚文王好服獬冠，楚国效之。

这一说法看似汉人之说，但《墨子·公孟》云：

> 昔者，楚庄王鲜冠组缨，缝衣博袍，以治其国，其国治。

向宗鲁已经指出"鲜冠"的"鲜"就是"解"之形讹（"解"字有"觧"的异体，跟"鲜"易混淆），解冠就是解豸冠；而有些本子的《淮南子》（《初学记》《太平御览》引）就作"楚庄王"。可证《墨子》和《淮南子》所说为一事。东汉蔡邕《独断》：

> 法冠，楚冠也。秦执法服之，今御史廷尉监平服之，谓之獬豸冠。

晋司马彪《续汉书·舆服志》：

> 法冠，或谓之獬豸冠。獬豸，神羊，能别曲直，楚王尝获之，故以为冠。

也就是说，汉晋人认为这种冠是楚王喜欢戴，一直沿用到秦汉的，服者都是断案决狱的职官。这种源头追溯估计虽有夸大（比如能不能上推至楚庄王是个问题），但并非全出捏造，比如"执法"这个秦职官少见于其他传世文献，因而常被误解（参看杨宽、吴浩坤《战国会要》，492—493页），而在岳麓书院藏秦代律令文献中反复出现，因此应该是有传承的一种旧说，不会是汉人杜撰。《论衡·是应》说当时官府公堂往往画皋陶和觟䚦，儒者对此的解释是：

> 觟䚦者，一角之羊也，性知有罪。皋陶治狱，其罪疑者，令羊触之。有罪则触，无罪则不触。斯盖天生一角圣兽，助狱为验，故皋陶敬羊，起坐事之。

一般从传统文献记载认为皋陶是舜时的士官，即法官；但清华简《厚父》将皋陶安排为夏代先王启的卿事，卿事就是卿李（理），也是负责刑狱的官。较大可能是，皋陶在上古时代已经是一种法律官员的代称或通称，无需纠结其早晚之异。在汉代儒生的心目中，皋陶治理案件也会遇到疑难，此时就需要这种一角的神羊——獬豸来协助断案，辨别有罪无罪。西汉杨雄《太玄·难》"次八：触石决木，维折角。测曰：触石决木，非所治也。次九：角獬豸，终以直，其有犯。测曰：角獬豸，终以直之也"，爻辞的内容，也是以这种传说为背景撰写的。"豸"后来成为法官、御史等职务的代称，如有"豸衣""豸袍""豸班""豸佩"的说法，《小学绀珠》说"唐坰与祖肃，父询，叔介，兄淑问，称五豸"，就是指这一家五人在宋朝相继为御史。这些也都是后话。

与汉代人认识相应，在《墨子·明鬼下》有一个记载，被很多研究者视为与獬豸传说有关的神判事件：

昔者，齐庄君之臣有所谓王里国、中里徼者，此二子者，讼三年而狱不断。齐君由谦（兼）杀之恐不辜，犹谦（兼）释之，恐失有罪，乃使之人共一羊，盟齐之神社，二子许诺。于是泏洫，摋羊而漉其血，读王里国之辞既已终矣，读中里徼之辞未半也，羊起而触之，折其脚，祧神之而槁之，殪之盟所。当是时，齐人从者莫不见，远者莫不闻，著在齐之《春秋》。

李衡梅认为，原始人因为相信宗教的神秘力量，所以产生神判法，在该案不能断定何人直何人不直的情况下，令诉讼双方各读誓词，羊所触者即为败诉，所以这是一个反映了远古神判法的遗迹（《盟誓浅说》，《人文杂志》1985年6期）。这基本上是可信的。可以注意，这里"人共一羊"的"羊"，虽然是体现了神灵意旨的羊，是盟誓时的用牲，但我们发现《墨子》从头到尾并未涉及这只羊的外形有什么特异之处，与汉代一角神羊的形象相比，可能是有着本质区别的。

我们再来看一看"灋（法）"字在西周早中晚期金

文中的写法：

非常明显"灋"字所从的"廌"并不是"一角"的动物。叶玉森早在在1919年出版的《殷契钩沉》中根据甲骨文的"廌"字，指出"廌"本或应有两角。我们看一下商代金文和甲骨中的"廌"的写法：

战国晚期的睡虎地秦简"灋（法）""薦（荐）"二字寫作：

中山国铜器铭文中的"灋"字加了"户"旁即从"戾"声，写作：

可知秦、中山这些北方国家传说中的"廌",可能仍然是两角动物。然而在东方、南方国家特别是楚国,很可能产生了一些不同。楚国本来也有类似的传统写法,例如战国前中期的葛陵楚简中的"廌"字:

但同一批资料中也有 的写法,头上多出了一笔。这一笔也不是凭空出现的,它是把过去廌头的眼睛中间眼珠部分顶上的突起形夸大了(下举西周琱生尊的"廌(庆)"字所从是这类写法源头),在此之后就有了下面的这些写法:

头上的中竖特长,以至有取代原有双角成为独角的趋势,而倒数第二个形体见于郭店简《老子》甲组,省变相当严重,头上正变成了只有一只角,旧有的那两道斜笔都省去了;最后一个写法见于清华简《封许之命》,廌头上也仅一角(此例承苏建洲指示)。当时楚国的"澄"字也写作如下这类形体:

"廌"形身体虽然简省,头部的写法仍然是突出中间那一笔的,甚至只有那象征角形的一笔,与前举《封许之命》"廌"字写法类似。这样看起来,似乎文献中记载獬廌在楚国被尊崇为神兽,制成冠帽,甚至演化出一角的特异形态,并不是一种空穴来风的传说。

众所周知,汉承秦制,但是汉代文化中的主体内容有很大一部分是直接承袭了楚地文化的(刘邦自己就是楚人),有的学者就认为南阳汉墓中的镇墓兽与楚国镇墓兽有一定的传承关系（李桂阁《南阳地区东汉墓出土陶塑镇墓兽》，《中国国家博物馆馆刊》2015年12期）。我很怀疑，汉代以后把獬豸塑造为一角神羊甚至演变为一角山牛，正是楚文化影响的结果。请看汉以后墓葬中出土的獬豸形象的演变：

甘肃省博物馆藏武威磨嘴子汉墓出土木獬豸

河南南阳市郊出土东汉陶獬豸

这些汉以后的实物造型，已经很明确地都是独角兽形象，

七 法

河南南阳市出土东汉陶吐舌形神兽（正侧面）

甘肃省博物馆藏酒泉市下河清魏晋墓葬出土青铜獬豸

陕西省博物馆藏北魏陶獬豸

在墓葬当中它们并不是与决狱直接相关的，而主要是起到辟邪镇墓的功用，显然是一种神兽。看这类实物在突出独角之外，还兼顾其两只大耳（少数木质獬廌耳似乎不显，应该是难于刻画制作而省简），可能是表现善谛听狱讼的意思。即使如南阳出土的吐舌形神兽，已经与原来的牛羊独角兽形有了比较大的区别，然其独角大耳的形象仍然没有变化，所以应该还是从獬廌脱胎的。不知道楚文字"廌"头部的那种写法，是否就有表示廌的独角及双耳之意。即便是这样的话，这却肯定已经不是獬廌的原初形象了。

在殷墟甲骨文中所见的"廌"，经常用作祭牲，且分牝牡，可见是一种实有的动物。商王田猎卜辞没有见到捕获"廌"的记录，但有如下一字：

构字方法与古文字"彘"一致，都是矢贯彻动物的腹部。虽然此字音读不明，但至少说明这种动物与野猪一样，

七　法

是可以被射杀猎获的野生动物。此外这种动物还可以用绳索、木条等物羁养起来专门用作牺牲：

这都说明，商代观念中的"廌"不可能是一种神兽。"廌"字的读音在古支部字，但是从它得声的"薦（荐）"字以及"廌"和从"廌"声的字在古文字中的用法来看，它好像并不能确定有支部的音（也就是现在读的 zhì 音的来源），相反只有文部字的音（现在读的 jiàn 音的来源）。结合字形所象及古音的情况，有些古文字学家主张"廌"可能是羚羊一类动物。但也有人认为是牛一类动物。迄今没有定论。我认为结合《墨子》中提到的在盟誓判案的神羊来看，"廌"确实很可能就是羊一类的动物，《说文》"山牛"的说法可能出于后来的歧变。当然，仍需强调的是，"廌"本来不是神兽，是在盟誓过程中禀受和表达神意的一个动物，后来再慢慢被神化，并被赋予了特殊的含义的。

古人听讼决狱，决不是一件容易的事情，除了技术不可与今天同日而语之外，还有当时宗法社会背景下各种涉及人事的干扰（孔子所谓"法度"需"卿大夫以序守之"，见《左传》所记孔子对晋国铸刑鼎、著刑书事的评论）及特殊情况需要应对，因此孔子说过：

> 听讼，吾犹人也，必也使无讼乎！（《论语·颜渊》）

显然听讼这事情是繁多而复杂的，孔子自己对别人谦虚地说他在这方面并没有特别过人的地方，正可见处理狱讼之事的难度。《礼记·大学》在记孔子此语之后评论道："无情者不得尽其辞，大畏民志，此谓知本。"意思就是要让不得情实的无理一方不能说完他虚诞的辩解之辞，要让他畏惧民意，这就是孔子说的"无讼"。我很怀疑，这里面所谓的"辞"，就是因讼事向神灵起誓之辞，我们看《墨子·明鬼下》所记的事情中，最终让理亏一方中里徼之辞未半而终的，就是那只用来盟誓漉血的羊，它体现的既是神意,也就是民志(《书·泰誓》所谓"天视自我民视,天听自我民听"),所以下文特意强调这事情是民众历历在目,口口相传的,并被载入齐国史乘;故事中所未曾读完的"辞",可能就是《大学》所谓"不得尽其辞"的"辞",应该包括了一方对事实本身的叙述及咒誓之辞。我们现在就能理解,为何西周青铜器铭文中常常将狱讼案件的誓辞记录于上了,铜器铭文所记的,应该就是在讼事过程中最终被判决正当的誓辞,古人因此而感到荣光,所以想以铸铭的形式传诸后世。我相信,古代复杂或久拖不决案件的最终裁决,迷信的古人往往是要求助天意神判的,《墨子》所记,当非古代的一二特例。"廌"的形象,最终成为了百姓敬畏天意,敬畏统治者的一个标志。仁井田陞曾指出,神判利用的是古人的宗教意识和民间信仰,"廌"当然也可以说是古代中国民间宗教信仰的一个化身。

除了"灋(法)"字之外,古代的"慶(庆)"字也是从"廌"的,请看下列字形:

是从"廌"从"心"会意的一个字。《说文》说"慶"字"从鹿省，从心、夂"，谓其本义是"行贺人"，大概只说对了从"心"而已。上边所列字形中的第二个，是西周晚期召伯虎簋铭文的"庆"字（此字头上写法开后来楚文字"廌"旁写法先河，但在西周并不如后来楚国普遍，只是特例），其所在文例是说召伯虎为琱生处理土田官司成功之后，回来跟琱生回覆道："余告庆"，就是说官司搞定了。"庆"字有庆贺、善、喜悦、恩赏等一类意思，我认为从文字结构看，它的造字本义怕是跟狱讼有成的意思有关的。"廌"是听讼起誓要用的羊类动物，"心"则是强调用心正直，言辞情实，在狱讼中能够得"庆"。否则，从"廌""心"之字为何表示"庆"的意思，是很难说明白的。

"灋（法）"字所从的"去"，许慎理解为动词

七　法

"去",可能不对。这个"去",古文字学家认为是"法"字的声旁,就是汉字中"劫""盍""厺"这一系列字的声旁,跟来去的去本来是两个字,这一点不多细说了。

曾伯陭钺背面

与前一节所谈的"礼"相比,"法""刑"因为涉及刑杀、罚则,事关死生大事,根本上是一种硬性的国家意志的体现,它往往以民意、天意的形式来显示正当性,所以能制刑法其实是一种正统合法性的体现。《礼记·缁衣》引"《甫(吕)刑》曰:'苗民匪用命,制以刑,惟作五虐之刑曰法。'是以民有恶德，而遂绝其世也。"苗民之所以被上帝绝世，主要不是制刑法、杀戮人民，而是因为未用天命擅自制刑；而能够制刑的，则是受了上天意旨来纠治百姓罪恶的"司民"之人（见清华简《厚父》）。西周统治者强调"明德慎罚"，曾伯陭铸造了用以刑杀的斧钺，还在上面铸铭文说"非历伊刑，用为民政"（上页图），意谓并不是要对百姓施加刑罚，而是要用此钺作为老百姓的准则与禁令，但实际上归根结底还是以刑杀畏民的思想。从"灋（法）"字和獬廌的故事当中，我们能捕捉到这种传统的一些原始的、淡淡的遗痕。

捌

册 —— 书之竹帛

中国的文书行政和史传传统的强大和持久,在世界古代历史上,肯定是无出其右的。这一切都根植于中国古代发达的笔墨书写传统。而这种书写传统的产生与发达,则很可能主要根源于汉语、汉字本身的先天特征。

早期古汉字继承自象形、表意的图画、符号,发展成独立文字体系,有极为明显的"随体诘屈"的特点,象形程度特高,表意字的比例也特高,不少文字基本上宛若图画一幅,所以汉字的符号系统总体上不是非常适合于刻画在硬质物体上(例如石料、木材、金属),这跟字母记音文字有很大差别。即使是大家都熟悉的契刻在甲骨上的文字，也并不是惯常的书写形式，那只是为了备忘而刻在相关卜兆边上的占卜记录，不但都由专门从事的刻手完成，而且为了便于刻写，甲骨不但可能经过特殊处理，而且甲骨文把汉字本身的一些"随体诘屈"、涂实的特征给弱化甚至取消了。早期青铜器铭文铸在铜器上，其实文字的形态是在模上完成的，跟硬质刻写无关，到后来才逐渐出现錾刻的铭文（刻铭可能在商代出现，但量很少，东周尤其是战国以后才渐多），所以早期铜器铭文反而象形程度高，因为那并不是刻出来的。古埃及的象形文字，往往是刻在石头上面的圣书字，圣书字的象形符号与古汉字的象形字符数量相比，可以说是小巫见大巫，总体而言，古埃及文字的符号系统简单许多。石刻在先秦、秦到西汉时代，不但不是主流的文字书写，总量也相当少，当然，可能更重要的是中原的华夏族先民本无用石头刻写文字的风习，还不单单是汉字字符数量多、复杂难刻的问题。

华夏族先民很早就发明了毛笔。现在可以看到的新石器时代器物上绘写的图画、符号，就是毛笔所为，其中最值得注意的，是山西襄汾陶寺遗址出土的残扁壶上的所谓"文字"：

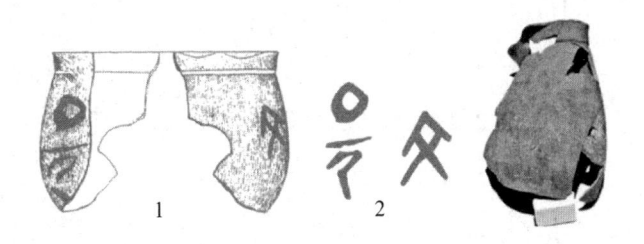

陶寺遗址时代约为公元前 20 世纪，有的人认为是夏人的遗存，有的人则把它定为尧都，因此把扁壶上的"文字"视为尧舜时代的文字，甚至有人释定为"文尧"二字。相关讨论，我们都不拟评论。这两个（姑将二者视为各自独立的单个个体）符号，必然表示一定意义，至于是不是汉字、是不是文字，现在的证据还太少，无法下明确判断，但有一点是可以肯定的，红色的符号是用毛笔蘸了朱砂写在陶壶上的。

毛笔相传是蒙恬所造，此说不知所起，但好像是古来颇为流行的说法，不过古人就对此说表示了疑虑，并有一些解释。晋代崔豹《古今注》卷下说：

牛亨问曰："自古有书契以来，便应有笔。世称蒙恬造笔，何也？"答曰："蒙恬始造，即秦笔耳。以枯木为管，鹿毛为柱，羊毛为被，所谓苍毫，非兔毫竹管也。"又问："彤管，何也？"答曰："彤者，赤漆耳。史官载事，故以彤管，用赤心记事也。"

所谓"书契"就是文字，牛亨认为从文字开始发明就应该有笔了，所以对蒙恬造笔传说有疑虑，作者回答，蒙恬造的是与兔毫竹管形制、质地不同的秦笔，《诗·邶风·静女》"静女其娈，贻我彤管"的"彤管"就是秦之前的笔，作者回答说那是用红漆所制史官记事的笔。蒙恬造笔传说后来又被五代冯鉴《事始》收录，与蔡伦造纸说并列。清人赵翼《陔余丛考》对此有全面辨正，指出秦以前必有毛笔，赵氏所举之证有孔子笔削《春秋》、《尔雅》对"笔"在秦、楚、吴、燕的不同称呼、孙膑诱庞涓"斫大树白而书"、《庄子》所载宋元君将画图，众史"舐笔和墨"以及《韩非子》"三寸之管"等，证据坚强，不容辩驳（下引赵说亦见此书）。近代以来，考古发现了不少战国以至秦汉的毛笔实物，最早的是战国早期的河南信阳长台关一号楚墓出土的一支用细绳缚笔毛于竹质笔杆上的毛笔。从战国的毛笔实物观察，其笔毛在笔管上的置插方法本身在发生变化，且与后世多少有所区别，但大体已经跟我们熟知的毛笔形态没有明显差异（参看下图，选自王学雷《古笔考》5页）。

1.信阳笔(战国早期) 2.左家公山笔(战国中期) 3.包山笔(战国晚期)

早期古文字中存在"笔"的证据，即"聿""尹""書（书）"等字的写法：

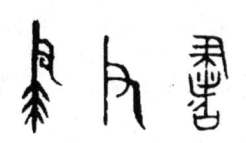

"聿"是手持一支毛刷也就是毛笔的形状，古文字"盡（尽）"字作，就是器皿中已尽、用毛刷涮洗的样子，英语中称毛笔为 brush，二物本来就是一个来源，至今粉刷、浆洗的刷子，仍多与毛笔形制没有什么区别。但在作为书写工具的毛笔出现之前，人类一定经历过使用竹笔、木笔这一类原始工具的过程，也就是用竹木棍子蘸了墨、颜料书写。王国维已经指出"尹"字手所持的"丨""象笔形"。如果更明确点说，"丨"就是竹木棍棒上面没有加装笔毛的那种笔，这是更原始的笔。赵翼曾指出，"按古时漆书本用竹笔，如今木工墨斗中所用是也，故笔字本从竹。今外番亦尚有用之者。平西陲时，文书檄谕外夷，须用唐古特字〔按，即藏文〕，无能书者，惟降酋巴朗能之，乃令入军机处缮写。余见其所用笔，正与木工之竹笔相似，乃知外番尚多用竹笔也"，赵翼所说木工用的竹笔，即今所谓墨签。前面谈"儒"一节曾提到的西周的执卣铭文，赏赐器主执的人被称为"尹"，这是学宫负责人的长上，应当就是王国维《书作册诗尹氏说》曾经讨论过的《诗经》及金文常见的"尹氏"及《尚书》"师尹"之"尹",其职"掌书王命及制录命官",后来百官君长也称"尹",应是从此义引申而来的。"尹"之得名与其为王职掌书写记录密切有关。"書(书)"则是从"聿""者"声的形声字,今天写的"书"乃从汉代以后的草书写法楷化。

从考古实物看,从新石器时代到历史时期的早期,已经有毛笔的绘写,因此牛亨所谓"自古有书契以来,便应有笔",把"笔"的发明放在文字发明之后,恐怕还过于保守了一些,很有可能我们的先民先发明了笔,汉字则是此后才形成文字体系的。

毛笔理论上适合在任何硬质、平整的物体上面书写,所以毛笔的发明逻辑上可能跟竹木简牍不是同时的,先民一开始应该是用竹笔类工具或毛笔在石、陶以至竹木片上书写,逐渐地发明出竹木简牍以至简册的。一片竹条、木条,就是后来的简的前身;一块木板,就是后来的牍的前身。但究竟竹木简牍是什么时候发明的,现在没有实物资料可以证明。因为竹木是易腐烂的有机物,现在所能看到的时代最早的用以书写的简册实物，仅仅是发现于战国早期的曾侯乙墓的遣册（即随葬物品的清单）。我们通常说纸张是中国的四大发明之一，其实竹木简牍被用于书写，对于中国文化本身的重要性也是不容低估的。

文献当中能找到的，最早有关简册记载，就是我们前面屡次提及的《尚书》的《多士》篇记载的周公对当时被征服的殷遗民的一段训话。因为当时这些商代的遗老遗少还不太臣服，有的甚至要联合周人内部的敌对势力造反，周公就跟他们讲了一段话，说"惟尔知惟殷先人，有册有典，殷革夏命"，意思是你们商朝的先人是有典册记录了商代把夏代的天命给革掉的事情。前面我们说过，古代人认为一个王朝能够统治天下，一个帝王能够统治臣民，是因为上帝给了他天命，如果你干得不好、胡作非为，那么这个天命就要被革掉，命是能够在朝代、帝王之间更革、更代的（我们讲的"革命"这个词就是从这里来的）。夏代最后一个君主是荒淫无道的桀（履癸是他的日名），成汤伐夏，把夏的天命革掉了。周公说商代的先人是有典册记录了这件朝代更替的事情，言下之意是现在你们殷人也要吸取教训，现在轮到我们把你们的天命给革掉了，所以你们也要老实一点。这是文献当中商代已经有典册的最重要的一条证据。

我们一般认为，属于周初八诰之一的《多士》是西周史事的可靠实录，是周公讲话的实录，总体上不是后人追拟（不排除有文字内容在传抄中的增删修改），这是上述讨论的基础。前面我们也曾提到，周公的话应该不是出于他本人的编造，因为当时在场的殷遗不是一般的奴隶和平民，主要是有文化的贵族，所以周公所言应该是当时商周贵族共同认同的事实。

"册"字按照许慎《说文解字》的解释，是"符命也。诸侯进受于王也。象其札一长一短、中有二编之形"，也就是说，册的本义是诸侯从王那里得到的册命的简，字形上就是册书的象形。《说文》"册"字的篆形写作 ⊞ ，这就是许慎对字形分析的根据。我们看到在商周古文字当中的"册"，大部分确实也是写成类似长短夹杂的形体：

因此《说文》篆形是由来有自的。主张商周时代就有简册书写的人，多将这作为一条字形上的根据。但如不加审视地全盘接受许慎的讲法，恐怕也有问题，因为迄今并没有发现过简册中的竹木单简排列是一长一短相间为序的例子。日本学者白川静和中国学者夏渌曾从不同角度出发，都主张"册"是"栅"的初文（即《庄子·天地》"内支盈于柴栅"的"栅"），也就是说"册"字本身并非简册的象形，而是象栅栏的形状（参看《古文字诂林》"册"字下引）。他们的意见有相当合理的成分，很容易用来解释为何"册"的竖画有长短相间的问题。但如果考虑到"栅""册"在词源上、形制上可能存在的紧密联系，似乎后来用"栅"的初文来表示"册"，就是一种非常特殊的假借手段（甚至能否视为一般的"假借"都可以讨论），更何况我们对商代、西周的简册制作完全处于知识空白的状态，也许在简册书写的筚路蓝缕阶段，就有这种形制特殊的册书，亦未可知。并且从古文字的用例和合体字的组成来看，"册"字至少在商和西周就已经被当作简册的"册"来使用了。

第一是"册"字在早期古文字的用法。《尚书》及金文的职官"作册"，孙诒让《周礼正义》和王国维《书作册诗尹氏说》对此有详细讨论。商代甲骨也偶见"作册"，商代铜器器主为作册的为数亦颇多，如作册祝鼎、作册豐鼎、作册般甗等。近年在文物市场出现并被国博收藏的一件所谓商晚期的作册般铜鼋，以商王赏赐其游猎射获的鼋为原型制作，铭文粗劣，真伪争议甚多（参看《中国文字研究》总第十一辑，54页），估计确系赝作，此不引据。可见商、周二代都有负责册命文书制作（后代称为制诰）的史官一类人物。商王卜辞还有占卜是用"新册"还是用"旧册"的文例，从一些内容看可能跟祭祀的祀典有关。因与祭祀有关，所以这类"册"在商、西周时代还经常加上"示"旁，例如山西曲沃北赵晋侯墓地出土的叔虞（即晋国始封君唐叔虞）方鼎铭文有

"王酒大册，祷在成周"的话，应该也是用了册书祭典的一种酒祭（参看上图）。甲骨文有从知（智）从册的一个字（沈建华、曹锦炎编著《甲骨文字形表（增订版）》，139页），从字形看大概是指以简册书籍的内容来"诲知"后人的意思。这些早期古文字中的"册"只能是简册。

第二是"典"字在西周已经出现：

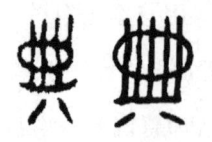

迄今没有见到商代可靠的"典"字，但不说明商代就没有这个字，因为甲骨文和商代金文内容所限，未必要提及"典"字。《说文》"典，五帝之书也。从册在丌上，尊阁之也。庄都说：典，大册也。"《左传》说楚国左氏倚相能读"三坟、五典、八索、九丘"等上古典籍，"五典"据《尚书序》说，是"少昊、颛顼、高辛、唐、虞之书"，虽飘渺难稽，但应是指上古时代流传到春秋的典籍则问题不大。《说文》的意思是说，典是因其地位尊崇而架置在丌（几案）上的册书，三皇五帝的古书比较重要，就被视为"典"。许慎所引另外一种说法来自当时的通人"庄都"，他是把"典"字分析为从大从册会意，我们看一下古文字字形就知道"大"形是汉以后隶书的讹变写法，庄都的分析自然是不正确的；但是他的意见有一点值得重视，在汉武帝独尊儒术之后，儒家经籍的地位大幅提升，其书往往也以"二尺四寸"的简长标准书写（例如武威汉简《仪礼》），以别于其他书籍（例如诸子、史书等），所以"典"的"大册"义也确实是与"经典"本义有关的，这种流俗拆字法也反映了汉代典籍文化的一个侧影。"典"的这种区别于一般的"册"的意义，在后来的语言当中仍然被保留延续下来，比如"典范""典雅""法典""词典"等。"典"字字形完全可以说明，至少在造"典"字时，"册"已是作为简册来用了。

第三是甲骨文有一种双手捧册之形的字，据研究，这个字表示举起简册义，跟卜辞中常见的"再（称）册"意义十分接近，可能是"册"用作动词的一种繁体（参看《中国文字》新三十六期，99—110页）。

《说文》"删，剟也。从刀、册。册，书也"，虽然古文字尚未发现"删"字，但这个词应当很早就存在，指的就是用书刀将简册上不要的字刮削掉（古代"刀笔"连言，笔用于书写，刀用于刊削），"删"字是一个会意字，"册"自然也是如许慎所说，作册书义用。总之，虽然我们不排除"册"本来可能是为了"栅"所造的一个字，但是在相当早的时候它就已经被作为简册之"册"使用了。

《墨子·明鬼下》：

> 古者圣王必以鬼神为〔有〕，其务鬼神厚矣，又

恐后世子孙不能知也，故书之竹帛，传遗后世子孙；或恐其腐蠹绝灭，后世子孙不得而记，故琢之盘盂，镂之金石，以重之。

竹就是竹简，当然泛指竹木制简牍；帛是缣帛，是一种比较贵重的书写载体，学者根据汉代资料推算，用帛书写的代价非常高昂，非一般人所能承受，所以有人说用绢帛书写的书籍相当于当时的精装本。这是植物纤维纸产生前，中国最常见的书写载体，而"盘盂金石"，皆非常用书写手段，是为了传诸后世的特殊记录。《说文解字叙》："著于竹帛谓之书。书者，如也。"美籍华裔学者钱存训有一部研究中国书史的著作就取名叫《书于竹帛》，他在这部书里提到：

中国古代用以书写和记录的材料种类很多，包括动物、矿物和植物。有的是自然产品，有的是人工制品；有些是坚硬耐久的，有的是柔软易损的。刻在甲骨、金属、玉石等坚硬物质上面的文字，通常称为铭文；而文字记载于竹、木、帛、纸等易损的材料，便通常称为书籍。竹木虽然质地坚硬，但不及金石能永久保存。

这段话的内容就是根据上述古人的叙述所作的概括，所以不但竹木缣帛是最早的书写载体，而且最早的、真正的"书"，是书写在这些材质上的。甲骨文不是书，金文也不完全能与书相当。可以说，在早期中国，文化的传承，文明的传播，国家机器的运转、政策的施行，人与人信息的远距离沟通，简帛扮演的角色是最主要的。不但如此，中国的书史本身是有连续性的，竹木、缣帛——纸（卷子、经折、蝴蝶、包背、线装），虽然承载书籍内容的物质材料有异，但毕竟都是用汉字记录的，一般而言，直下、左向书写的行款习惯占据绝对优势，且一脉相承；简卷、帛卷和纸卷显然也有直接传承。从字体上，比较直观但不太精确地讲，简帛时代的字体，主要相当于"古文字——隶书"的时代（含行楷书早期），纸本卷子（以敦煌藏经洞发现的卷子为主要代表）

及以下，则是楷书一统天下的时代。从文献学上讲，简帛——纸质卷子时代的古书，则大致是不稳定形态向定型态过渡的时代，简帛书籍的内容分合、变化较多，互相之间文字差异较大，从版刻书开始，中国古书开始定型，各种变化逐步减少。因此简帛文献，就是中国文化典籍的初始之源，强大而悠久的历史书写及文官传统，都可以向这个源头追索。

帛的使用起讫时间不够明确，东周至秦汉应是使用的盛期。至晚从商代开始，简牍的书写绵延了一千数百年。简牍时代的结束，以桓玄下令以黄纸代简为标志，徐坚《初学记》卷二一《文部·纸》引《桓玄伪事》："古无纸（纸），故用简，非主于敬也。今诸用简者，皆以黄纸代之。"这基本上跟我们考古实物中看到的最晚的简册时代相当。除了在西北的新疆、甘肃有零星的唐代简牍出土之外，目前考古出土的简牍资料以晋代为最晚，晋简出土地分布于新疆、甘肃、湖南、湖北、江西等地。那时早已有纸张的使用，目前可见的最早的植物纤维纸，是西汉时代开始出现的（古书和汉简中或称之为"赫蹏"

[音"隙蹄"],一种薄小纸),东汉蔡伦改进造纸技术之后,纸张开始较大规模使用于书写,但简纸并用的时代仍然持续了几百年。

尽管轻薄便携的纸张最终取代了笨重的竹木简册,成为最常用的书写载体,并在造纸术传入西方和朝鲜、日本、越南之后,主宰了整个世界的文字书写,但简帛的书写在今天的汉语当中仍然留下了些许遗痕,除了跟前面提到的词有关的,例如一册书、删改、不刊之论、刀笔吏等之外,还有通牒、文牍、连篇累牍、书函、请柬(简)、信札、札记等等……一般国人,恐怕大多都日用而不知其所以然了。不过这就是历史,后之视今亦犹今之视昔,也许再过几十年上百年,纸质书消亡,进入了信息彻底电子化时代之后,那时候的人看到信封、书皮、印张、开本、油墨、毛边本这些词,或许也都是一脸茫然了。尽管如此,中国人的汉字书写,恐怕还要一直不断地持续下去,用汉字继续记录我们的历史文化,留给子孙丰富厚重的历史遗产,无论这些书写是在宣纸上、A4纸上、电脑硬盘当中,还是云端。

〈玖〉 民

民可使由之

"民"或者"人民",古今意义的宽窄一直在变化。《说文解字》:"民,众氓也。从古文之象形。"(引文从小徐本)"氓"就是民,"众氓"就是众多的民人、民众。甲骨文和金文的"民"字写作:

郭沫若《甲骨文字研究·释臣宰》在没有注意到甲骨文有"民"字时,根据金文字形认为"民"字是"一左目

形而有刃物以刺之。古人民盲每通训,……今观民之古文,民盲殆是一事。……以之为奴隶之总称。……疑民、人之制实始于周人,周人初以敌酋为民时,乃盲其左目以为奴征。……盲其一目以服苦役,因而命之曰民。"李孝定《甲骨文字集释》进而指出甲骨文中也有"民"字,认为卜辞内容是以民为牲的实证,纠正并补充了郭沫若周人始以敌酋为民的说法。但李孝定对卜辞的理解恐有问题,并不能支持"民"字在卜辞可用作奴隶的意思。

事实上,传世比较可靠的商西周时代的古书和出土资料里的"民",跟《说文》"众氓"的本义相合,基本上都泛指民众百姓,有时也当在位者讲,而并无奴隶的用法(参看黄现璠《中国历史没有奴隶社会——兼论世界古代奴隶及其社会形态》,69页)。"人民"一词,在东周以后的著作如《周礼·质人》及睡虎地秦简《日书》等文献中确指臣妾即奴隶(《于豪亮学术论集》,38页),这应是后来的词义变化。且正如郭沫若所说,他的猜测于"文献无证",也就是说,古代并没有需要特别刺瞎眼睛作为奴隶身份标志的记载。"民"字即使是刺瞎人眼的

"盲"的初文，也不必然推出"民"这种身份的得名就与字形所表示的本义"盲"有关联，完全有可能"民（氓）"只是假借了"盲"的初文而已。因此，从造字本义去探求"民"本来的身份地位，恐存在逻辑上的问题。郭沫若的说法，自然有一种为自己的理论服务的目的在内，而且也是带有时代烙印的。不过无论如何，正如古文字学家所言，郭氏对"民"字本义的说解，还是有一定道理的（参看张世超等《金文形义通解》，2911页），至少在各家说法中是比较合理的一种，可备一说。

中国古代统治者和思想家关于"民"的理念和实际态度，是相当复杂的。大致说来，似乎都可以从君主为"民之父母"的角度获得解释。君民、官民的关系，就好比传统家族的父母与子女的关系，这或许是理解中国"民"的地位、境遇的一把钥匙。

上古时代尤其是西周以下，中国是宗法社会，以家族为中心，按血统关系来组织并统治社会，《礼记·大传》所谓"别子为祖，继别为宗，继祢者为小宗"。古代中国宗统与君统基本上是合一的。梁启超《中国学术思想变迁之大势》认为"封建（按，即封邦建国）与宗法皆族长政治之圆满者也"。李宗侗更明确指出，"封建是宗法的政治化，所以毛诗中说：'君之宗之'，可见凡为政治首领的人，君或诸侯下至大夫，都是宗法首领的大宗或小宗的宗主。"除了周人没有灭过的、后来成为姬姓国家附庸的小国之外，"姬姓的封国中，君统和宗统是完全相符合的"，具体而言即：

> 文王、武王、成王、康王，都是天子，并且是姬姓大宗的宗主；周公、唐叔、单子都是诸侯，地位低于天子，他们并且同时是姬姓分出来的小宗的宗主。周公的诸侯地位和他的宗主地位，陆续的传给伯禽考公等，等于唐叔的地位也陆续的传给晋侯，……商代是否有封建，现在史料无征，不过周人确实宗统和君统相连，也就是说封建只是宗法的扩充和政治化。（《中国古代社会史》，211—213页）

这就是以嫡长子继承制为核心的西周宗法制度的主要内容（前面讲到，商代后期可能已经实行嫡长子继承制，但可能不如西周完备），在这种制度下，王就是天下的大宗，所以有"溥天之下，莫非王土，率土之滨，莫非王臣"的讲法，诸侯臣属周天子，大夫、士臣属诸侯，周王朝实行朝聘贡赋巡狩，以井田制征收农民的"彻""助"等税赋。西周时代的宗法制度后来逐渐破坏、解体，逐渐变成以父系家长制为根本核心的帝国统治模式，国家（皇帝）与个人（农民）中间，有家庭（夫权）、宗族（族权）等作为纽带，"皇帝按照家长统治他的家一样来统治自己的国家，专制主义的皇权在某种程度上就是父系家长制的特权。他对于自己所有的臣民拥有无限的支配权力。这种权力的来源，正像父亲之于儿子一样，是因为所有臣民都是他所生养的，吃的是皇家的粟，立身是皇家的土，阳光、雨露都是君恩的施予。因此臣民必须像儿子敬顺父亲一样对待君主。这样，君主与臣民的关系又被蒙上了一层温情脉脉的亲属关系的轻纱。君主也被称为君父，臣民就是臣子，既是君臣，又是父子。

国和家在道德伦理高度上，浑然融为了一体。""不单君主与臣民被美化成了父子亲属关系，连官民关系也被美化成家人父子。地方官被称为父母官。这样，这个国家也就成了一个大家庭。因此《尚书·洪范》说：'天子作民父母为天下王。圣人取类以正名，而谓君为父母，明仁爱德让王道之本也。'〔引者按，'圣人'以下是《汉书·刑法志》语，原书误引。〕驯至中国封建社会的后期，在蒙古旧有奴隶制的影响下，朝廷的臣工，无大小都变成奴仆、奴才。老百姓则更下一等，在官的面前，又是一群无人格的牛羊。"（周良霄《皇帝与皇权》，363—364页。）

因此，中国古代的"民"，天然是为了事奉家庭的父母和奉养社会的父母（各级官员以至帝王）而存在的。古书里面，除了《洪范》以父子关系描述君民关系之外，类似的表述还有很多，下面只举几个典型的例子：

> 良君将赏善而刑淫，养民如子，盖之如天，容之如地。民奉其君，爱之如父母，仰之如日月，敬之

如神明，畏之如雷霆。(《左传》襄公十四年)

《诗》云："乐只君子，民之父母。"民之所好好之，民之所恶恶之，此之谓民之父母。(《礼记·大学》)

子言之："君子之所谓仁者，其难乎！《诗》云：'凯弟君子，民之父母。'凯以强教之，弟以说安之，乐而毋荒，有礼而亲，威庄而安，孝慈而敬，使民有父之尊，有母之亲。如此而后可以为民父母矣，非至德其孰能如此乎！"(《礼记·表记》)

民之父母亲民易，使民相亲也难。(郭店楚简《六德》)

夫以君臣为如父子则必治，推是言之，是无乱父子也。人之情性，莫先于父母，皆见爱而未必治也，虽厚爱矣，奚遽不乱？今先王之爱民，不过父母之爱子，子未必不乱也，则民奚遽治哉！(《韩非子·五蠹》)

可知"作民父母""民之父母"的话出自《尚书》《诗经》(前面曾经提到的豳公盨铭也有"成父母、生我王"的话，可见西周已有此类思想)，儒家常要对这个表述作出阐释(《礼记》的那两条就是例子)。前三条,是强调为政者要爱民养民教民安民,这样能受到万民的仰戴;后两条则是强调虽为民父母、爱民亲民,但仍不易治理好民众,民难相亲、易乱,显示在上者的不易。因此光是"民之父母"的慈爱是不够的,儒家遮遮掩掩没有讲出来的话,还是后来的法家替他们讲了,上引《五蠹》的下文就说"夫垂泣不欲刑者仁也,然而不可不刑者法也,先王胜其法不听其泣,则仁之不可以为治亦明矣。且民者固服于势,寡能怀于义",彻底否定对老百姓行仁义的作用。儒家之前的古人,其实倒不避讳这些,他们认为,帝王最终还是君、师(见《孟子·梁惠王下》引《书》,亦即清华简的《厚父》篇,下面几句也是《厚父》的内容概括),是上帝派下来帮助他纠治下民罪恶过错的,天命无常,民心难测,要用典制刑法来治民,民的行为善恶都是治理他们的人的作为所决定的。作为儒家创始人孔子的政治思想中,实际上就包含了对待民众态度的不同取舍,只是被建构过的历史删汰了其中的另一个面向而已。"儒"与"法"(或者后人所习称的"儒表法里")、"德"与"刑",其实是中国原始政治思想的一体两面,因不同情况而有侧重不同的表述和实践,从早于儒家的某些历史文献中看,这一点是很清楚的。

《荀子·宥坐》:

> 孔子为鲁摄相,朝七日而诛少正卯。门人进问曰:"夫少正卯鲁之闻人也,夫子为政而始诛之,得无失乎?"孔子曰:"居,吾语女其故。人有恶者五,而盗窃不与焉:一曰:心达而险;二曰:行辟而坚;三曰:言伪而辩;四曰:记丑而博;五曰:顺非而泽——此五者有一于人,则不得免于君子之诛,而少正卯兼有之。故居处足以聚徒成群,言谈足饰邪营众,强足以反是独立,此小人之桀雄也,不可不诛也。

这就是孔子诛少正卯的著名事件。这件事究竟是否存在,争论激烈,主流意见似认为此事是战国学者附会之说,并非事实(参看钱穆《先秦诸子系年》,29—31页)。此事与一般所熟悉的孔子的政治观"道之以政，齐之以刑，民免而无耻；道之以德，齐之以礼，有耻且格"（《论语·为政》）确实大相径庭。《论语·颜渊》还记载孔子和季桓子之子季康子的一段对话：

> 季康子问政于孔子曰："如杀无道，以就有道，何如？"孔子对曰："子为政，焉用杀？子欲善而民善矣。君子之德风，小人之德草。草上之风，必偃。"

这更是强调以德化取代刑杀在治民治政中的意义。这是儒家给所有人的温和、包容的面目，所以很难想象孔子会去诛杀一个反对派，一个异己者。但是，孔子的这一言行却和《礼记·王制》如下一段主张若合符契："析言破律，乱名改作，执左道以乱政，杀。作淫声、异服、奇技、奇器以疑众，杀。行伪而坚，言伪而辩，学非而博，顺非而泽以疑众，杀。假于鬼神、时日、卜筮以疑众，杀。此四诛者，不以听。凡执禁以齐众，不赦过"。《王制》虽然时代不一定太早，但仍是一篇被编入儒家正规经典的著作，孔子的作为与《王制》主张的并无出入，所以儒家治民的理念中到底是否包含了刑杀？上海博物馆所藏战国竹书中，有一篇公认为儒家著作的《孔子见季桓子》，记录季桓子与孔子有关治政治民的对话，其中有一段谈到如何治理民众，尤其是如何辨别"邪民"，孔子说：

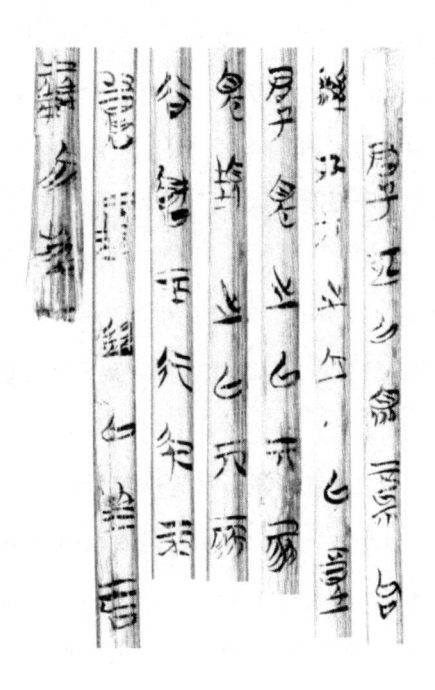

……君子畏之以其所畏，规之以其所欲，智不行矣，不惮□绝以为己□，此……（上页图）

"君子"是在位之人、统治者，"之"指的是民。"君子畏之以其所畏"两句，乃是说在位者要以老百姓所害怕的东西（如刑罚）让他们畏惧，用他们所想要的东西（爵禄等利益）去规正、规劝他们。此类表述在法家著作中本毫不稀奇，如《韩非子·奸劫弑臣》："夫严刑者，民之所畏也；重罚者，民之所恶也。故圣人陈其所畏以禁其邪，设其所恶以防其奸。"《韩非子·难一》：

明主之道不然，设民所欲，以求其功，故为爵禄以劝之；设民所恶，以禁其奸，故为刑罚以威之。

这和简文"畏之以其所畏，规之以其所欲"的意思接近到几乎像出自同人之口。孔子就是要包括季桓子在内的在位者明赏罚，对老百姓同时施用软硬两手来施行统治。《孔子见季桓子》所定义的与"仁人"对立的"邪民"

"邪伪之民"，大致就是衣服容貌标新立异、学习宣扬邪论、不分场合乱发言论、行为举止不当、对在上者不恭敬、不服管教之民，跟孔子诛杀的少正卯、《王制》主张刑杀的对象是一类人。在这一篇竹书中，孔子不强调德、礼对于为政的重要性，却主张以"二道"来审辨百姓中的"仁人"和"邪民"，祭出强制措施来威吓老百姓，同时诱以爵禄等百姓所欲之物，皆已同法家政治思想极为接近，但实际上这些主张并不与中国传统政治思想相违背。孔子当时针对弟子、在位者、普通民众、邪民，完全可以表达出不同的政治主张侧重，只是我们后来的儒籍把这另一面给抹杀了。儒家本来反对民知，《论语·泰伯》：子曰："民可使由之，不可使知之。"郭店简《尊德义》21—22号简："民可使道之，而不可使知之"（参看绪言附图），老百姓只能让他们按照既定路子走，却不可以让他们知道为什么。而在《孔子见季桓子》中，孔子要求主动取消民的智识聪明（"智不行"），则是更进一步直白地表达了这个意思。

  古代家长制的集权专制统治对待民的态度，无论是以父母对待子女的形式，还是以君主、师长对待臣工、子弟的形式，"君子"们都有着绝对的权威（无论是刑杀还是赏庆），决定了普通民众往往只能以"隐忍苟活、卑躬屈膝、驯服愚忠"（周良霄《皇帝与皇权》，367页）的性格处世，这就是古代中国国民的普遍命运。先秦时代虽然有过孟子"民为贵，社稷次之，君为轻"之类的主张，有过《战国策·齐策》赵威后所发"苟无岁，何有民？苟无民，何有君？"的反问，也有过《荀子·王制》君民舟水之喻，但这些都是知识分子、士大夫们出于如何维持帝王君主统治角度的考虑（伪古文《尚书·五子之歌》"民惟邦本，本固邦宁"也是这一类意思在晚一些时候的表述方式），从来没有人真正从民本身的尊严和价值出发来考虑"民"意味着什么。事实上，《孟子》中充斥的"劳心者治人，劳力者治于人；治于人者食人，治人者食于人：天下之通义也""为政不难，不得罪于巨室"这类"只有在官僚士宦手册中才找得到的庸俗条文"（孙隆基《中国文化的深层结构》，267页），才是君子们所真正关心的、想听到的。

孔子"民可使由之，不可使知之"的主张，带有不可否认的历史局限性，对几千年来的中国政治思想影响至巨。人民教育家陶行知在百余年前疾呼："人民贫，非教育莫与富之；人民愚，非教育莫与智之。……但其为可教，施以相当之教育，而养成其为国家主人翁之资格焉"（《共和精义》，《陶行知全集》第一卷，51页）。在今天的中国，民（人民群众、百姓）的重要性被提升到了历史上前所未有的高度，人民当家作主的地位高过了以往所有的朝代和统治时期，这无疑是在马克思主义理论指导下的正确方向，然而全面地实现陶行知当年所提倡的真正的公共教育，完全达成社会主义核心价值观中既定的目标，国人无疑还有很长的路要走。

结语——珍爱我们的汉字遗产

这本书的九个字都写完了,虽然在九个字之外还附带或延伸地谈了其他若干相关的文字,但总有挂一漏万的感觉,似乎还有好多应当写而没有写的内容,例如王侯将相的"王",士大夫的"士",社会中的两性"男""女",自然界的"阴""阳""水""地",各学派常讲的"道",孔子学说的核心"仁",法家的"势"和"术",道家的"极""气",五行之"行"……好在这一本小书本来没有包罗万象谈中国的要求,故稍稍可为自己开脱。这九个字,对"中国"这一概念的演变,中国传说时代与历史时段的衔接问题,中国人的天神信仰与统治者的神道设教，中国的文化教育与礼乐起源，中国的刑法观念，中国书籍的原始，中国百姓的命运等角度做了概要性质的介绍，核心落实在"字"上，贯穿了一些史料文献和研究成果，所以写来不轻松，读来也许更不轻松，偏颇不当之处尚希读者批评指正。

写这一本小书，除了透过汉字管窥中国之外，还想达到的一个目，是希望读者能知道汉语和汉字本身是中华文明的根基，先民所创制并遗留至今仍在使用的汉字，值得每一个华夏儿女珍视与爱护。

汉字因为其非拼音文字的特点，容易被拆分说解，容易引发联想与想象，所以从来就是道德家立说的渊薮，测字家和幽默家取资的源泉，满足了各个层次民众对文字的不同需求。到今天，"人言为信""止戈为武"这类教条恐怕还不能说失去了全部的意义；老百姓从文字本身获得的慰藉和谈笑，更是无可厚非。但如欲以一研究式、理性的面目来谈论汉字，则一是应对汉字本身抱有敬畏，二是应杜绝不合事实、缺乏基本学术训练的想象。脱稿之前在网络上读到一篇著名作家论"中国"的文章，本来网络文章不值得评论，但后来发现此文还收入了他在某大文史类出版社出版的一部著作，觉得还是有必要说两句。这位作家认为，"中"字是建鼓的象形文字，中是用以祭祀太一神的牛皮鼓，何尊铭文"宅兹中国"的"宅"是宗教场所，"中"的意思是不管迁徙到哪里，就在那里建"宅"祭祀太一神，保证合法性，所以西周时代的"中国"不是一个地理概念，而是星象崇拜的宇宙观概念……文章的引证、配图完全是学术研究的面貌，尤其是厕身于文史类学术书籍中间，更让一般读者不能不认真对待，但这些论证却离开语文学的常识和规范甚远，不能不说是带有明显小说家式想象的文字，更何况作者似乎不知道"中"象建鼓说是二十世纪九十年代早有多人提出过的、在学术界已无影响的谬说（参看《古文字诂林》第一卷，338—342页）。我深信这位作者对中国古代文化及文字具有非常诚挚的热爱，他的写作对汉字也是带有敬畏心的，但是光有一腔热忱，而没有对历史上的研究成说及学科戒律抱有起码的怵惕之心，其结果也必然是适得其反的，且这种反作用在名人身上一定会被放得更大。如果只是把汉字作为一个逞炫才智的手段，大可以不必用这样的形式来体现。

现代汉字因为是从象形程度很高的古汉字系统演变过来的，一般学过"六书"，经历过中小学语文教育的人，都会知道象形、会意的造字手段，但现代汉字已经几乎不存在象形的文字，表意字的重要性在汉字系统中大大降低，所以我们应该摒弃俗见，客观地看待汉字遗产本身的价值，不要随波逐流地宣传汉字到现在还是象形文字。比如看见"鱼"字就知道是一条鱼，看到"書"就联想到手拿一支毛笔在书写……这些讲法放在古汉字阶段去看确实成立，可是在今天的方块楷书汉字中，这些特征已经荡然无存。汉字的最大功用，不在于象形，而在于其语素文字、意音文字的核心功用，它能够被各地、各时代的汉语使用者所接受和承认。

简化汉字多被人诟病，它也确实有应该被反思的地方，但文字趋简无疑是汉字历史上的大势，秦代的文字简化和统一，以隶书取代了古文字的地位，从文字学上看比上个世纪的汉字简化要剧烈彻底得多，但是谁也没有否定秦文字统一的功绩。如真要像有些人宣称，要恢复到体现文字的造字本义，那么莫说回到他们想要恢复的繁体字（或名曰"正体字"），连小篆都不合要求，到头来还真得回过去写金文、甲骨文了，这究竟是写字记录语言，还是变成了行为艺术抑或痴人说梦？文字归根结底是记录语言的工具，便利准确性是第一位的，文字所承载的文化含义则在其次，这一点也是不能颠倒过来看的。语言学大师赵元任曾经搞过一套"通字方案"，目的是要在汉字中分出两千个左右的同音字组（在绝大多数方言中都同音），在每一组中取一代表字来代表这一组的同音字，这样就可以大幅减少汉字使用的总量，达到简化汉字的目的。虽然"通字方案"最终并没有广泛施用，但这正是语言学家在从记录语言的便利性和系统性角度思考文字的改革问题，他们比我们一般人想得多、想得深，我们普通人确然不宜凭着感情来对汉字的整理规范和简化的学术工作指手画脚，大陆使用的汉字也经不起再一次回复到繁体的折腾。

因此，合理地对待汉字的优点与缺点，客观地谈论汉字，尊重汉字本身发展的规律，写好用好汉字，是我们今天珍爱汉字遗产所能勉力做到的几个方面。愿赘此数语，与读者诸君共勉。

2019 年 2 月

图书在版编目（CIP）数据

九个汉字里的中国/郭永秉著.-上海：上海文艺出版社.2019.7（2023.6重印）

（九说中国）

ISBN 978-7-5321-7239-9

Ⅰ.①九… Ⅱ.①郭… Ⅲ.①汉字－基本知识 Ⅳ.①H12

中国版本图书馆CIP数据核字(2019)第117492号

发 行 人：毕　胜
策 划 人：孙　晶
责任编辑：胡艳秋
封面设计：胡斌工作室

书　　名：九个汉字里的中国
作　　者：郭永秉
出　　版：上海世纪出版集团　上海文艺出版社
地　　址：上海市闵行区号景路159弄A座2楼　201101
发　　行：上海文艺出版社发行中心
　　　　　上海市闵行区号景路159弄A座2楼206室　201101　www.ewen.co
印　　刷：上海中华印刷有限公司
开　　本：787×1092　1/32
印　　张：7.25
插　　页：2
字　　数：100,000
印　　次：2019年7月第1版　2023年6月第2次印刷
Ｉ Ｓ Ｂ Ｎ：978-7-5321-7239-9/G・0239
定　　价：25.00元
告 读 者：如发现本书有质量问题请与印刷厂质量科联系　T:021-69213456